DICTIONNAIRE

DES

CAISSES D'ÉPARGNE ORDINAIRES

A jour au 30 Novembre 1905

PAR

ACHILLE SEVIN

EMPLOYÉ A LA CAISSE D'ÉPARGNE DE PITHIVIERS

PITHIVIERS

IMPRIMERIE DES CAISSES D'ÉPARGNE

7, place des Essarts et rue Traversière

1906

DICTIONNAIRE
DES CAISSES D'ÉPARGNE ORDINAIRES

DICTIONNAIRE

DES

CAISSES D'ÉPARGNE ORDINAIRES

A jour au 30 Novembre 1905

PAR

ACHILLE SEVIN

EMPLOYÉ A LA CAISSE D'ÉPARGNE DE PITHIVIERS

PITHIVIERS

IMPRIMERIE DES CAISSES D'ÉPARGNE

7, place des Essarts et rue Traversière

—

1906

PRÉFACE

L'origine de ce livre est bien simple. Son auteur, employé depuis de longues années dans une Caisse d'épargne importante, l'a tout d'abord composé pour son usage et sa satisfaction personnelle, dans un but essentiellement pratique et utilitaire, pour s'en faire un instrument de travail journalier et se retrouver plus vite et plus sûrement au milieu des nombreuses prescriptions dispersées dans les lois et décrets, instructions et circulaires qui régissent lés Caisses d'épargne ordinaires.

Ce travail étant tombé sous les yeux de personnes particulièrement compétentes et autorisées, a été par elles soumis à l'examen de M. le Ministre du Commerce, qui a bien voulu le retourner à son auteur avec la lettre suivante :

Paris, le 21 avril 1905.

Monsieur,

L'attention de mon administration a été appelée sur un travail qui lui a été communiqué et dans lequel, sous le titre de *Dictionnaire des Caisses d'épargne ordinaires*, vous avez entrepris d'exposer les dispositions légales et réglementaires applicables à ces établissements.

J'ai fait volontiers examiner ce travail et je me plais à vous informer què, sous réserve de certains détails qui pourraient appeler des objections ou des améliorations, il a paru dans son ensemble de nature à rendre, le cas échéant, service aux Caisses d'épargne.

Je tiens donc à vous féliciter de votre initiative.

Recevez, Monsieur, l'assurance de ma considération distinguée.

Le Ministre du Commerce, de l'Industrie,
des Postes et des Télégraphes,

F. Dubief.

Un encouragement aussi flatteur a mis fin aux hésitations de l'auteur. Il a cherché dès lors à rendre son travail digne de cette haute approbation, en y apportant quelques modifications et en en supprimant plusieurs notes personnelles qui pouvaient prêter à équivoque pour la stricte application de l'Instruction de 1857.

Tel qu'il est publié, ce Dictionnaire paraît de nature à rendre service à plusieurs catégories de lecteurs.

Le Comptable expérimenté aura en lui un aide-mémoire d'une consultation facile. Les débutants et ceux à qui le service n'est pas encore devenu familier, y trouveront les renseignements indispensables, présentés sous une forme claire et pratique.

Pour les Administrateurs ou Directeurs des Caisses d'épargne ordinaires, on a groupé, sous un Titre spécial, les matières qu'il leur importe le plus de connaître et d'autres d'un intérêt moins immédiat, auxquels ils pourront se reporter, en cas de besoin.

Autant que les Comptables, les Agents des Finances peuvent avoir intérêt et profit à consulter un travail qui relate, en dehors de quelques instructions ressortissant à leur Ministère, toutes les instructions spécialement applicables aux Caisses d'épargne qu'ils sont appelés à vérifier, et qui pour la plupart ont été préparées par le Ministère du Commerce, après entente avec le Ministère des Finances.

On comprend aisément qu'un chapitre doit comporter le plus souvent des éléments divers, susceptibles de figurer à la fois sous plusieurs Titres dans la Table des Matières. Aussi, pour la facilité des recherches, il convient de recommander vivement l'usage de cette Table qui a été détaillée le plus possible, de préférence à une lecture suivie de l'ouvrage, malgré des renvois intercalés çà et là dans le texte pour l'éclaircir et le compléter.

Il a paru plus pratique de placer cette Table en tête de l'ouvrage, immédiatement après la liste des vingt-cinq Titres qui la composent.

Ainsi que l'expliquait la Circulaire aux Souscripteurs, pour consulter ce Dictionnaire et trouver promptement le renseignement désiré, il suffit de se demander si ce renseignement se rattache à la Comptabilité ou à la Fortune personnelle, s'il s'agit d'un Versement ou d'un Remboursement, d'un Transfert ou de la Réduction d'un compte, etc., etc. En ouvrant la Table des Matières au Titre correspondant, on trouvera bien vite la solution cherchée et même, le cas échéant, l'indication de la place qu'elle occupe dans le compte rendu. Notons à ce sujet que les renseignements afférents au compte rendu sont toujours précédés du mot « Tableau ».

En terminant, l'auteur tient à acquitter une dette de reconnaissance, en remerciant publiquement les personnes qui l'ont aidé soit de leur expérience, soit de leur appui moral ou matériel.

ERRATA

Considérer comme nul le renvoi au n° 307 qui figure au n° 243.

— — 545 — 678, 2°.

Lire au n° 376 ... par le *crédit* du compte Fortune personnelle.

— 423 « Employés du service des contributions *diverses* », au lieu de « Caisses d'épargne d'Algérie », et, sous le texte, les n°s 412[1] à 410 et 420 leur sont applicables. Mettre, en outre, le mot souligné ci-dessus au lieu du mot « directes » indiqué aux n°s 404 et 423.

— 670, § 2, 3e colonne : « les totaux du § 2 », au lieu de « les totaux des §§ 2 à 6 ».

Nota. — Ces erreurs ne figurent pas à la Table des matières.

TABLE DES TITRES

TABLE DES MATIÈRES

ADMINISTRATEURS OU DIRECTEURS

LEURS DROITS. — LEURS DEVOIRS

CAISSE DES RETRAITES POUR LA VIEILLESSE

CAISSIERS

NOTA. — Les interdictions ci-après indiquées nous ont paru avoir un caractère spécial, on en trouvera d'autres à différents titres.

CAUTIONNEMENTS

CERTIFICATS DE PROPRIÉTÉ

COMPTABILITÉ

NOTA. — On trouvera réunis sous ce titre l'ensemble des comptes qui composent la comptabilité proprement dite; on y a joints, un peu arbitrairement peut-être, pour quelques-uns d'entre eux, les registres et documents qui la préparent, ceux qui en résultent et, en outre, les placements de fonds, les retraits et les encaisses.

c.

CONSIGNATIONS

DÉFICITS ET DÉBETS

DÉPENSES

FORTUNE PERSONNELLE

NOTA. — On trouvera ici en regard des éléments divers qui composent la fortune personnelle, les principes généraux qui les concernent, ainsi que les renseignements relatifs au tableau I.

Il a paru utile, au point de vue pratique, tant pour l'établissement de la situation de la fortune personnelle que pour les placements de cette fortune de respecter entièrement l'ordre des colonnes qui composent ledit tableau.

ÉTABLISSEMENT DE LA SITUATION DE LA FORTUNE PERSONNELLE

XV

QUELQUES INDICATIONS

INSCRIPTIONS DE RENTES

ACHATS

ENTRÉE ET SORTIE. — DÉPÔT. — RENSEIGNEMENTS DIVERS

VENTES

INTÉRÊTS

LIBÉRALITÉS

LIVRETS

LIVRETS EN DOUBLE

LIVRETS SCOLAIRES

OPPOSITIONS

PERCEPTEURS

PRESCRIPTION

RÉDUCTION DES COMPTES AU MAXIMUM LÉGAL

REMBOURSEMENTS

SOCIÉTÉS

SUCCURSALES

TIMBRE ET ENREGISTREMENT

TRANSFERTS

CAISSE DESTINATAIRE

VÉRIFICATIONS

VERSEMENTS

NOTA. — On trouvera à la fin de la première partie du titre « Livrets » tout ce qui est relatif au nombre et au crédit des livrets restant au 1er janvier et au 31 décembre, au nombre des livrets *nouveaux* et les renseignements y afférents.

DICTIONNAIRE

DES CAISSES D'ÉPARGNE ORDINAIRES

1. Commission supérieure des Caisses d'épargne. — Il est formé auprès du Ministre du Commerce une Commission supérieure qui se réunit au moins une fois par an, pour donner son avis sur les questions concernant les Caisses d'épargne ordinaires ou postales. Cette Commission est composée de 20 membres parmi lesquels 8 Présidents ou Directeurs de Caisses d'épargne élus par les Caisses d'épargne (Partie de l'art. 11 de la loi du 20 juillet 1895.)

Le décret du 17 août 1895 portant règlement d'administration publique détermine les formes et conditions de cette élection.

Lorsqu'il y a lieu de procéder à une élection, les Caisses reçoivent du ministère :

1° Une copie de l'arrêté qui en fixe la date et détermine le nombre de voix attribué à chaque Caisse ;

2° Une copie du décret du 17 août 1895 ;

3° Des instructions relatives à l'élection ;

4° Un modèle du procès-verbal qui doit être dressé pour constater le résultat de l'élection ;

5° Un modèle de la réquisition à remettre au Receveur des Postes, pour le chargement en franchise du pli contenant les votes de la Caisse.

2. Délibérations des Conseils de direction. — Registre des délibérations. — Communication aux Inspecteurs des finances. — Extraits. — Les Directeurs des Caisses n'ont pas qualité pour agir seuls et à l'insu les uns des autres, et leurs décisions n'ont de valeur qu'autant qu'ils délibèrent dans les conditions statutaires.

3. Toutes les délibérations doivent être inscrites à un registre spécial. Elles sont signées, au registre, suivant les règles fixées par les règlements d'administration intérieure approuvés par le département du Commerce en exécution des statuts et du décret d'approbation.

4. C'est également d'après les dispositions inscrites auxdits règlements que doivent être certifiés les extraits de ces délibérations délivrés à qui de droit, c'est-à-dire le plus souvent par le Président ou le Vice-Président, ou le Secrétaire.

5. Par dérogation à ces dispositions, les extraits des délibérations donnant *quitus* de sa gestion à un comptable d'une Caisse devront être revêtus de la double signature du Président ou Vice-Président *et* du Secrétaire du Conseil, pour donner à ce document une authenticité à l'abri de toute discussion. (Circ. min. 23 mars 1897.)

6. Le registre des délibérations doit être communiqué aux Inspecteurs des finances seulement. D'après l'avis émis par le Conseil d'Etat, ce registre contient des décisions qui ont, dans la plupart des cas, une répercussion directe sur la gestion financière de la Caisse et constitue, pour l'Inspection des finances, un élément essentiel de vérification, indispensable pour assurer l'efficacité du contrôle. (Circ. min. 20 décembre 1901). Voir *Inspection générale*, n°s 413 à 425.

7. Renouvellement annuel des Conseils de direction. — Règles à suivre. — Le renouvellement partiel des Conseils de direction doit avoir lieu chaque année.

Le procès-verbal constatant l'accomplissement de cette opération doit être adressé au ministère par l'intermédiaire de la Préfecture.

8. Ce renouvellement se fait par séries comprenant un certain nombre de Directeurs dont les pouvoirs sont expirés. La composition et l'ordre de sortie de chacune de ces séries sont déterminés d'abord par le sort, puis par l'ancienneté.

9. C'est toujours au Conseil lui-même qu'il appartient de former ces séries, mais non de procéder au remplacement ou à la réélection des membres sortants. Pour la grande majorité des Caisses, la nomination est confiée au Conseil municipal de la commune.

10. Indépendamment des membres compris dans les séries sortantes, il y a encore lieu de pourvoir aux vacances accidentelles provenant de décès et de démissions. Dans ce cas, le nouveau titulaire ne conserve ces fonctions que pendant le temps qui restait à courir sur le mandat de son prédécesseur.

11. Lorsque certains membres ont été spécialement désignés comme conseillers municipaux, afin de représenter, conformément aux statuts, le Conseil municipal au sein du Conseil des Directeurs, la qualité de directeur est alors inhérente à celle de conseiller municipal.

Elle tombe d'elle-même dès que la personne qui en avait été investie cesse, par une cause quelconque, de faire partie de cette dernière assemblée, et le nouveau conseiller municipal ne demeure également en fonctions que pendant le temps qui restait à courir à son prédécesseur.

12. Cette qualité, au contraire, ne disparaît pas lorsqu'une réélection a maintenu à ce membre ses fonctions municipales, et il n'est pas besoin que ses pouvoirs soient confirmés par le nouveau Conseil municipal.

13. Lorsque des Directeurs d'une Caisse, tout en étant conseillers municipaux, n'ont pas été nommés à ce titre, ils conservent leurs fonctions en cas de non réélection.

14. Les délibérations des Conseils municipaux relatives aux nominations susindiquées ne sont pas soumises à l'approbation préfectorale. (N°s 54 et 55 Instr. 1893 ; circ. min. 16 déc. 1894.)

15. Rémunération des Caissiers. — En vertu des statuts, les Conseils des Directeurs ont seuls qualité pour fixer le traitement des caissiers selon le mode qui leur paraît le plus avantageux.

16. Il importe, toutefois, de ne pas charger le Caissier du paiement de toutes les dépenses en lui abandonnant l'intégralité des recettes de l'établissement, qui ne pourrait ainsi se constituer une fortune personnelle.

17. Si le forfait porte seulement sur une quotité des ressources annuelles qui serait laissée au Caissier, les Conseils ont le droit de veiller à ce que ce dernier assure convenablement le service et ne réduise pas les dépenses au-delà du minimum nécessaire, afin d'accroître son bénéfice. (N° 46 Instr. 1893.)

18. Cumul des fonctions de Caissier ou de Sous-Caissier avec d'autres professions. — Le cumul n'est pas interdit; toutefois il appartient aux Conseils des Directeurs d'imposer aux Caissiers telles conditions qu'ils jugent convenables, et de leur interdire certaines professions qui leur paraîtraient de nature à rendre plus difficile le contrôle qu'ils sont tenus d'exercer sur la gestion de ces comptables.

19. Les Receveurs municipaux, les Receveurs des hospices et des bureaux de bienfaisance ne peuvent être Caissiers ou Sous-Caissiers qu'à la suite d'une décision du Ministre de l'Intérieur, qui statue sur l'autorisation ou l'interdiction du cumul d'après les circonstances particulières de chaque espèce et après avis des Receveurs des finances, des Municipalités ou des Commissions administratives. (N° 45 Instr. 1893.)

20. Franchise postale. — Est admise à circuler en franchise et sous enveloppe fermée la correspondance de service échangée entre les Caisses, d'une part, et les Préfets et Sous-Préfets, les Trésoriers-payeurs généraux et Receveurs particuliers des finances, d'autre part.

Une décision spéciale autorise également la correspondance en franchise par la poste entre les Présidents et Vice-Présidents des Caisses et les Inspecteurs des finances en tournée.

L'Instruction désigne les fonctionnaires et les personnes autorisées à contresigner leur correspondance de service, ainsi que les fonctionnaires et les personnes destinataires. (N° 38 Instr. 1895.)

21. Timbre et enregistrement. — Seront exempts des droits de timbre les registres et livrets à l'usage des Caisses. (Art. 9 loi du 5 juin 1835.)

Les imprimés, écrits et actes de toute espèce nécessaires pour le service des Caisses seront exempts des formalités du timbre et de l'enregistrement. (Art. 20 loi du 9 avril 1881.)

Toutefois :

1° Les certificats de propriété et actes de notoriété exigés par les Caisses pour effectuer le remboursement, le transfert ou le renouvellement des livrets appartenant aux titulaires décédés ou déclarés absents seront visés pour timbre et enregistrés gratis. (Art. 23 loi du 20 juillet 1895.)

2° La procuration sous seing privé produite pour la vente des rentes ou fractions de rentes inférieures à 50 francs devra être enregistrée. (Circ. min. 15 janvier 1900.)

3° Les Caisses devront acquitter le timbre de quittance sur les mandats de traitement délivrés à leurs employés, que la quittance soit donnée sur feuille séparée ou sur registre, ainsi que sur les factures de leurs fournisseurs. Ces factures n'ont pas besoin d'être établies sur timbre. (Circ. min. 4 août 1900.)

4° La procuration nécessaire pour la vente des rentes dépendant de leur fortune personnelle devra être soumise aux formalités du timbre et de l'enregistrement. (Circ. min. 10 avril 1902.)

VERSEMENTS

PRÉSENCE DES ADMINISTRATEURS AUX SÉANCES. — BORDEREAUX DES ADMINISTRATEURS ET DU CAISSIER. — MONNAIE DE BILLON ÉTRANGÈRE. — PROPRIÉTÉ DES FONDS DÉPOSÉS. — SOCIÉTÉS

22. Minimum du versement. — Maximum des comptes. — Chaque versement ne peut être inférieur à 1 franc.

Le compte ouvert à chaque déposant ne peut pas dépasser le chiffre de 1,500 francs versés en une ou plusieurs fois. (Art. 8 loi de 1881 et 4 loi de 1895.)

C'est uniquement par le fait de la capitalisation des intérêts que le maximum doit pouvoir être exceptionnellement et temporairement dépassé, ce qui alors donne lieu de le réduire, ainsi qu'il est expliqué sous les nos 275 à 290. (N° 20 Instr. 1893.)

23. Maximum exceptionnel. — Le dernier paragraphe de l'article 4 de la loi de 1895 a élevé à 15.000 francs le maximum exceptionnel que la loi de 1881 avait fixé à 8.000 francs pour les Sociétés de secours mutuels et pour les institutions de coopération, de bienfaisance et autres de même nature.

Jouissent de plein droit du nouveau maximum, les Sociétés ou Caisses régulièrement constituées en conformité des dispositions des lois ci-dessous indiquées, et sous réserve qu'elles justifieront de leur constitution par le dépôt de statuts réguliers (voir le n° 25) :

1° *Les Sociétés de secours mutuels et Unions de Sociétés de secours mutuels.* (Loi du 1er avril 1898.)

2° *Les Syndicats professionnels.* (Loi du 21 mars 1884.)

3° *Les Sociétés et Caisses d'assurances mutuelles agricoles.* (Loi du 4 juillet 1900.)

4° *Les Sociétés de Crédit agricole mutuel.* (Loi du 5 novembre 1894.)

5° *Les Caisses régionales de Crédit agricole mutuel.* (Lois du 5 novembre 1894 et du 31 mars 1899.)

Dans le cas où s'élèveraient des difficultés d'appréciation ou autres en ce qui concerne les quatre dernières catégories de sociétés (2° à 5°), les Caisses auraient à en référer au Ministère par l'intermédiaire de la Préfecture.

24. Pour les autres institutions de coopération ou de bienfaisance visées par la loi, cette situation privilégiée est subordonnée à l'obtention d'une autorisation ministérielle, autorisation qu'elles seront susceptibles d'obtenir toutes les fois qu'elles se rattacheront, par leurs statuts, à une idée de mutualité ou de prévoyance. (Voir les nos 41 et 42.)

25. Les Sociétés qui bénéficiaient, avant la loi de 1895, du maximum de 8,000 francs, n'avaient besoin d'aucune décision nouvelle pour le porter à 15,000.

Celles qui ne rentraient point dans le cadre indiqué au n° 24 se sont vues retirer leur autorisation, conformément à la circulaire ministérielle du 17 février 1900. (N° 11 Instr. 1895; circ. min. 17 février 1900, 19 décembre 1903, 10 décembre 1904 et 22 juillet 1905.)

26. Limitation des versements annuels. — L'article 4 de la loi de 1895 ne permet au déposant, du 1er janvier au 31 décembre, que 1,500 francs de versements. Dès que ce chiffre est atteint, le droit du déposant est épuisé et ses versements doivent être refusés, quand bien même, par l'effet des remboursements, le solde du livret serait descendu au-dessous de 1,500 francs.

Les intérêts n'entrent pas en ligne de compte dans ce chiffre des versements annuels.

Afin de pouvoir se rendre aisément compte des sommes versées, les livrets doivent avoir deux colonnes : dans la première, intitulée *Versements*, n'entrent que les versements; dans la seconde, intitulée *Mouvements du compte*, figurent les versements déjà inscrits dans la première colonne, les remboursements, les intérêts capitalisés et toutes autres opérations effectuées dans la forme aujourd'hui en usage. (N° 10 Instr. 1895.)

27. Cette limitation n'atteint pas les institutions autorisées à avoir un compte de 15,000 francs. (N° 11 Instr. 1895.)

28. Registre matricule. — Le premier versement de chaque déposant donne lieu à une inscription sur le registre matricule.

Ce registre est destiné à recevoir tous les renseignements que la Caisse doit conserver sur chaque déposant ; il sert à la comparaison des signatures et à l'interrogatoire des porteurs de livrets dans tous les cas de doute, afin de se prémunir contre les tentatives d'abus, de fraude ou de falsification qui pourraient être la suite de la perte ou de la soustraction du livret. Il constitue pour les Caisses un élément de comptabilité indispensable. (N° 1 Instr. 1857.)

29. Déclaration spéciale par le déposant qu'il n'est possesseur d'aucun autre livret. — Les Caisses doivent exiger de tout déposant qui verse pour la première fois la déclaration, signée sur le registre matricule, qu'il n'est titulaire d'aucun autre livret, soit d'une Caisse d'épargne ordinaire, soit de la Caisse nationale d'épargne.

Si le registre matricule n'a pas encore été modifié dans ce sens, le titulaire doit, sur question verbale posée par le Caissier, inscrire lui-même la réponse sur un feuillet spécial, lequel est ensuite signé du Caissier et annexé audit registre en regard des renseignements concernant le titulaire.

Si celui-ci ne sait pas signer, on remplace sa signature par un certificat signé de deux témoins et contresigné par l'Administrateur de service.

Cette déclaration, qui remplace celle que prescrivaient la Circulaire ministérielle du 28 décembre 1881 et le n° 21 de l'Instruction de 1893, doit être également signée par les titulaires de livrets *antérieurs* à la loi de 1895, au fur et à mesure qu'ils se présentent pour des opérations. (N° 24 Instr. 1895.)

30. Versements anonymes ou pseudonymes. — Ces versements sont interdits. Quiconque vient faire un premier versement doit déclarer s'il verse pour son compte ou au nom d'un tiers. (N° 2 Instr. 1857.)

31. Premier versement effectué par un déposant. — Si le déclarant verse pour son compte, après l'avoir fait figurer dans la première case disponible du registre matricule, on inscrit dans cette même case son nom de famille, ses prénoms, la date du versement, l'âge, le lieu et la date de naissance, sa demeure et sa profession.

31¹. On ajoute aux nom et prénoms le nom d'alliance, si la déposante est une femme veuve.

31². Le déposant doit signer au registre ; s'il ne sait pas, on le mentionne. (N° 3 Instr. 1857.)

32. Premier versement par une femme avec déclaration qu'elle est mariée. — Si la femme est en puissance de mari, celui-ci doit l'assister ou l'autoriser. On ajoute aux nom et prénoms de la femme son nom d'alliance. Les époux signent au registre matricule, s'ils sont présents ; si l'un d'eux ne sait pas signer, on le mentionne.

Nota. — Si la femme mariée déclare vouloir verser sans l'assistance de son mari, voir le chapitre spécial. (N°s 291 à 323).

33. Lorsqu'une femme déclare être séparée de corps et de biens, on mentionne le jugement de séparation rendu en dernier ressort.

34. Si la femme est séparée de biens seulement, par suite de son contrat de mariage, mention en est faite au registre matricule.

35. Si cette séparation résulte d'un jugement, mention est faite du jugement et de son exécution. (N° 4 Instr. 1857.)

36. Nota. — Si la femme est divorcée, mention du jugement est faite, mais on ne porte pas le nom de l'ex-conjoint, chacun des époux, d'après la loi du 6 février 1893, reprenant l'usage de son nom.

37. Premier versement pour un enfant mineur. Si l'enfant est un mineur légitime, on mentionne les nom et prénoms du père, et si le père n'existe plus, ceux de la mère, ou à défaut de celle-ci, ceux du tuteur.

Nota. — Pour les mineurs non émancipés, il y a quatre espèces de tutelle : celle du survivant des père et mère, dite *tutelle légale;* celle qui est déférée par le survivant des père et mère, soit par testament, soit par acte notarié, soit par une déclaration faite devant le juge de paix, dite *tutelle testamentaire;* celle qui appartient aux ascendants, dite *tutelle légitime*, tutelle qui, dans le cas où le dernier mourant du père et de la mère n'a pas choisi un tuteur à ses enfants, appartient de droit à l'ascendant mâle le plus proche en degré et, quand il y a degré égal, à l'ascendant paternel ; celle qui est déférée par le conseil de famille, dite *tutelle dative*, tutelle qui est déférée lorsque le mineur reste sans père ni mère, ni ascendant, ni tuteur choisi par le père ou la mère.

38. Dans le cas où le mineur est un enfant naturel, on mentionne le nom du père si l'enfant a été légalement reconnu, sinon celui de la mère seulement.

Nota. — La loi du 25 mars 1896 n'accorde de droits aux enfants naturels sur les biens de leurs père ou mère décédés qu'autant qu'ils ont été reconnus légalement. Il serait utile, pensons-nous, d'attirer l'attention des intéressés sur ce point, si l'enfant n'a pas été reconnu et, s'il l'a été, de noter au registre matricule la date et le lieu de la reconnaissance. (N° 5 Instr. 1857.)

39. **Propriété des fonds déposés**. — Le 2e paragraphe de l'article 16 de la loi de 1895 tranche la question de propriété des fonds et l'attribue au titulaire du livret.

Cette disposition a un effet rétroactif et s'applique également aux livrets ouverts avant la promulgation de ladite loi.

Tant que durera la minorité du titulaire, son représentant légal sera libre de disposer des fonds. Mais ce droit cessera avec la majorité de l'enfant, et à partir de cette époque tout remboursement devra lui être refusé. (Pour le duplicata du livret, voir le n° 82.)

Le déposant devra en être prévenu au moment du premier versement. (N° 37 Instr. 1895.)

Nota. — Si le mineur déclare vouloir verser sans l'assistance de son représentant légal, voir le chapitre spécial. (Nos 291 à 323.)

40. **Sociétés**. — Au moment du premier versement, la Caisse doit exiger du mandataire de la Société le dépôt d'un exemplaire des statuts.

En outre, elle le met en demeure de déclarer si la Société est dans l'intention d'user ou non du bénéfice de l'article 4 de la loi de 1895, mais sans subordonner les premiers versements à l'octroi de l'autorisation qui ne peut être accordée qu'après instruction. Toute association, quelle que soit sa nature, peut en effet, comme un simple particulier, et sans qu'il soit besoin d'aucune autorisation administrative, être admise à verser ses fonds dans la limite du maximum de 1,500 francs. (Voir aux nos 23 et 24 les conditions nécessaires pour jouir de plein droit ou ultérieurement du maximum de 15,000.)

41. Dans le cas de l'affirmative, l'institution ou association devra remettre à la Caisse une demande signée de ses représentants légaux et déposer deux exemplaires de ses statuts et règlement.

42. L'un de ces exemplaires sera conservé par la Caisse; l'autre, joint à la demande, sera transmis avec une délibération du Conseil des directeurs au Préfet du département, qui fera parvenir le tout, avec son avis, au Ministre du Commerce.

C'est donc à la Caisse qu'incombe le soin de provoquer l'autorisation requise, dans les formes réglementaires et en dehors de toute participation de l'association déposante.

43. Elle devra exiger, lors de chaque versement, la production des pièces indiquées aux statuts pour la validité des placements de fonds, ainsi que la justification de l'identité des personnes chargées statutairement de représenter la Société en pareille circonstance.

44. La Société est inscrite sous le nom distinctif qu'elle a adopté. (N° 6 Instr. 1857; Circ. min. 28 décembre 1881 et 20 juin 1892; rappelé par le n° 27 Instr. 1893.)

45. Fonds des fabriques d'églises, des communautés consistoriales israélites et des conseils presbytéraux. — L'article 21 du décret du 27 mars 1893 impose à ces établissements le dépôt de leurs fonds libres en compte courant au Trésor public. Il est donc interdit aux Caisses de recevoir ces fonds soit sur de nouveaux comptes, soit sur les comptes actuellement ouverts. (Circ. min. 15 juin 1896.)

46. Premier versement fait par un tiers. — Celui qui verse pour un tiers doit, autant que possible, produire l'autorisation (modèle n° 2) de la personne pour laquelle il verse, à moins que ce ne soit un bienfaiteur qui désire rester inconnu; cette autorisation est mentionnée au registre matricule dans la colonne des signatures.

Nota. — En conformité du n° 24 de l'Instr. de 1895, elle doit, pensons-nous, porter la déclaration par le tiers qu'il n'est titulaire d'aucun autre livret, soit d'une Caisse d'épargne ordinaire, soit de la Caisse nationale d'épargne. (N° 7 Instr. 1857.)

47. Propriété des fonds déposés. — Le 2e paragraphe de l'art. 16 de la loi de 1895 tranche la question de propriété des fonds et l'attribue au titulaire du livret.

Par le fait même qu'un déposant a fait ouvrir un livret au nom d'un tiers, il doit être, désormais, considéré comme ayant de plein droit aliéné, au profit de ce tiers, la propriété des fonds versés; il n'y a pas lieu de rechercher si c'est une libéralité qu'il a entendu faire et si l'intervention de ce tiers est nécessaire pour l'accepter. Ce dernier est devenu *ipso facto*, vis-à-vis de la Caisse, le véritable propriétaire des fonds versés, et il doit être traité comme tel.

Les Caisses devront mettre en garde sur les conséquences de leur acte les déposants qui croiraient pouvoir encore agir comme par le passé. (N° 37 Instr. 1895.)

48. Dons conditionnels. — Ces dons proviennent soit d'un don manuel, soit d'un legs fait par testament authentique ou olographe; dans ce dernier cas, mention du testament est faite sur le registre matricule.

49. La seule condition admissible est celle d'un remboursement différé :

Pour un mineur, qu'il ne disposera des sommes qu'à sa majorité ou à une époque plus éloignée, ou bien, en cas de mariage, aussitôt après la célébration ;

Pour un majeur, que les sommes ne pourront lui être remises qu'après un temps déterminé.

50. On n'admet aucune clause, soit de retour au donateur, soit de reversibilité d'une tête sur une autre; on porte seulement au registre matricule la mention du nom du donateur ou celle que le versement est fait par un inconnu. Le concours et l'acceptation du donataire ne sont pas indispensables.

51. La clause d'incessibilité stipulée par le donateur est admise alors même qu'il a voulu rester inconnu.

52. On n'admet celle d'insaisissabilité que dans le cas où cette clause est stipulée par des compagnies industrielles ou par des chefs d'atelier au profit de leurs ouvriers et employés. (Voir le n° 86). (N° 8 Instr. 1857).

53. Versements faits pour le compte des cantonniers maintenus en fonctions après leur admission à la retraite. — Les retenues qui leur sont faites doivent être versées aux Caisses au moyen de mandats quittancés par les conducteurs des ponts et chaussées.

Il n'est pas nécessaire que ces mandats soient appuyés d'états nominatifs émargés par les ayants-droit.

Les cantonniers peuvent être titulaires de deux livrets, à la condition que le montant des sommes disponibles et celui des sommes indisponibles ne dépassent pas 1,500 francs. Les deux livrets doivent porter le même numéro, mais avec le mot *bis* sur l'un d'eux. (Circ. min. 30 novembre 1887 et 31 octobre 1901.)

54. Conservation des justifications produites. — Les justifications produites pour les versements doivent être revêtues du numéro d'ordre du registre matricule et conservées soigneusement. (N° 10 Instr. 1857.)

55. Répertoire mobile du registre matricule. — Il doit être fait d'après le registre matricule, pour chaque déposant, une carte de répertoire (modèle n° 3) indiquant le nom du déposant, ses prénoms (plus le nom d'alliance, s'il s'agit d'une femme mariée ou veuve), la date de sa naissance, le numéro de son livret et, s'il y a lieu, celui de la série.

Pour chaque femme mariée ou veuve, il est fait une seconde carte indiquant en première ligne son nom d'alliance, puis ses prénoms, son nom de famille, et le reste comme ci-dessus.

56. Ces cartes sont classées dans des boîtes, dans l'ordre alphabétique le plus exact ; on y ajoute chaque semaine les cartes des livrets nouveaux et on en retire celles des livrets soldés que l'on frappe du timbre « compte soldé ».

Ainsi le répertoire, constamment à jour, est en deux parties, dont l'une comprend les comptes existants, l'autre les comptes soldés. (N° 11 Instr. 1857.)

Nota. — Par « l'ordre le plus exact », nous croyons qu'il faut entendre que le classement dans l'ordre alphabétique est étendu aux *prénoms* des titulaires.

Ce système facilite les recherches prescrites par le n° 88 ; il permet à la Caisse la découverte rapide de ses doubles livrets ; ce qui lui est moins aisé lorsque l'ordre alphabétique est limité aux noms patronymiques.

57. Livrets remis aux déposants. — Origine des deniers. — Il est remis à chaque déposant, lors de son premier versement, un livret qui lui sert de titre de créance envers la Caisse d'épargne.

58. L'origine des deniers n'y est jamais mentionnée, à moins que le versement des fonds ne provienne d'une somme donnée et assujettie à une condition. (N°s 12 et 13 Instr. 1857.)

59. Versements postérieurs au premier. — Interdiction de faire des opérations en dehors des séances. — Incapacité des Caissiers à opérer pour des tiers. — Ces versements sont reçus sur la présentation du livret, quel qu'en soit le porteur, sans qu'il y ait à fournir d'autre justification, sauf, si besoin est, en ce qui concerne les sociétés et associations de toute nature admises à verser aux Caisses d'épargne.

60. Il est interdit aux Caissiers, Sous-Caissiers et à tous autres employés des Caisses de se rendre porteurs de livrets appartenant à des tiers, et même de recevoir la procuration de ceux-ci pour faire quelque opération que ce soit près de leur Caisse.

De même, il doit être sévèrement interdit aux Caissiers et Sous-Caissiers de faire des opérations en dehors des séances réglementaires. Cette pratique, des plus blâmables et des plus dangereuses, que certaines Caisses avaient autorisée, a été plusieurs fois l'origine de détournements considérables. (N°s 14 Instr. 1857 et 2 Instr. 1893.)

61. Monnaie de billon étrangère. — Il est interdit aux Caissiers de recevoir cette monnaie. (Circ. min. 17 janvier 1896.)

62. Bordereaux de versements et de remboursements du Caissier. — Renseignements qu'ils doivent contenir. — Le Caissier ou Sous-Caissier qui reçoit les versements et effectue les remboursements tient, d'après les livrets, *pour chaque nature d'opérations et à chaque séance*, un bordereau qu'il arrête en toutes lettres et certifie véritable. Ce bordereau contient les numéros des livrets, les noms des titulaires et les sommes versées ou payées (modèles 4 et 18). Voir les n°s 388 et 389 (n°s 15 et 40 Instr. 1857.)

63. Présence des Administrateurs aux séances. — Administrateurs-Adjoints. — La présence des Administrateurs aux séances publiques est impérativement prescrite par l'article 3 du décret du 15 avril 1852. Elle constitue la sauvegarde des intérêts des déposants qui sont fondés à compter sur l'intervention assidue des Administrateurs dans la gestion de la Caisse à laquelle ils apportent leurs économies.

La confiance que doit nécessairement leur inspirer le Caissier ne doit pas les porter à négliger les mesures de précaution qu'ont édictées les règlements.

Les tribunaux ont considéré le manquement habituel et prolongé à cette obligation comme une faute grave entraînant, malgré la gratuité des fonctions, la réparation du préjudice qui en est résulté pour les déposants.

Les Administrateurs ne doivent, sous aucun prétexte, s'abstenir d'assister aux séances publiques de la Caisse ; s'ils ont un empêchement légitime, ils doivent en prévenir qui de droit, afin qu'un de leurs collègues soit chargé de les remplacer.

64. L'art. 2 du décret précité leur donne le droit de nommer des Administrateurs-Adjoints s'ils jugent que leur service est trop lourd. Ceux-ci remplissent les mêmes fonctions que les Administrateurs lorsque la Caisse est ouverte au public. Le Conseil peut également les appeler à concourir, avec voix consultative, à ses délibérations. Ils sont nommés pour un an et peuvent être réélus. (N° 1 Instr. 1893; art. 2 et 3 du décret du 15 avril 1852.)

65. Bordereaux de contrôle de l'Administrateur de service. — Contrôle à exercer par ce dernier. — Utilité d'un agent indépendant du Caissier pour l'exercice du contrôle. — Tenue des bordereaux pour chaque séance. — L'Administrateur de service tient également des bordereaux semblables à ceux du Caissier qu'ils sont destinés à contrôler. Ils sont arrêtés en toutes lettres *pour chaque nature d'opérations et à chaque séance*. Ils ne doivent pas présenter un total qui comprendrait les opérations faites pendant plusieurs séances.

66. Ces bordereaux doivent être tenus avec soin. Lorsque des erreurs ont été commises, elles doivent être rectifiées au moyen de ratures et de renvois approuvés et signés, ou tout au moins paraphés par l'Administrateur de service.

67. — Si l'Administrateur est empêché de les tenir, il peut se faire suppléer soit par une personne de son choix, soit par un employé de la Caisse qu'il désigne, pourvu que ce soit sous sa surveillance.

Les bordereaux doivent être arrêtés et signés par l'Administrateur de service, quelle que soit la personne qui les aura tenus.

68. Les Caisses sont expressément invitées à se pourvoir d'un agent ou contrôleur dès que leurs ressources le leur permettent. Cet agent, indépendant du Caissier, serait chargé de toutes les opérations du contrôle et pourrait partager avec lui celles de la comptabilité.

S'il existe un contrôleur, la tenue des bordereaux lui échoit naturellement, sous la condition énoncée au n° 67. Ce contrôleur ne dispenserait pas les Administrateurs d'assister aux séances, ni ne les déchargerait du contrôle réglementaire, mais il leur en faciliterait l'exécution. (Nos 16 et 40 Instr. 1857, 3, 6 et 8 Instr. 1893.)

69. Remise des bordereaux de contrôle au secrétaire du Conseil ou à un agent spécial en dehors du Caissier. — Conservation des bordereaux. — A la fin de la séance, la concordance des bordereaux de l'Administrateur et du Caissier est vérifiée, entre eux d'abord et ensuite avec le montant effectif des fonds. (Voir les nos 405 à 410.)

70. L'Administrateur remet ou transmet les bordereaux de contrôle directement au Secrétaire du Conseil, ou à l'agent délégué qui les classe immédiatement dans un dossier spécial. Ceux du Caissier y sont rattachés dès qu'ils ne sont plus nécessaires à l'établissement des comptes.

71. Ces bordereaux ne doivent *jamais passer par les mains du Caissier*. Pourvu que ce résultat soit atteint, le Ministère est tout disposé à laisser aux Conseils la plus grande latitude dans le choix des moyens.

Néanmoins, le Ministère désire connaître le système employé. De ceux qu'énumère sa circulaire, celui qui lui paraît offrir les plus sérieux avantages est le système qui consiste à glisser les bordereaux dans une boîte en forme de tirelire dont la clef est confiée au Président ou au Secrétaire.

Si le Caissier le demande, on peut lui communiquer les bordereaux sans déplacement. (Nos 17 et 18 Instr. 1857, et 7 Instr. 1893; Circ. min. 16 juillet 1902.)

LIVRETS

INSCRIPTIONS DES OPÉRATIONS. — DES INTÉRÊTS. — DES ARRÉRAGES DE RENTES LIVRETS EN DÉPOT. — DUPLICATA. — RENOUVELLEMENTS

72. Les dispositions essentielles des lois, statuts et règlements doivent être reproduites par extraits sur tous les livrets, de manière à bien établir les termes du contrat qui intervient entre le déposant et la Caisse d'épargne.

Afin de prévenir les contestations, il y a lieu d'y faire figurer :

1° Les articles 4 de la loi du 7 mai 1853, 20 de la loi du 20 juillet 1895, et 56 de la loi de finances du 22 avril 1905 ; (N° 32 Instr. 1895 et Circ. min. 5 mai 1905.)

2° Les dispositions de l'article 3 de la loi du 20 juillet 1895 sanctionnant la pratique des remboursements faits à vue, mais spécifiant que les Caisses ont le droit d'opposer le délai de quinzaine à une demande de remboursement ;

3° La disposition du même article donnant le droit, en cas de force majeure et le Conseil d'Etat entendu, aux Ministres des Finances et du Commerce de faire rendre un décret échelonnant les remboursements à raison de 50 francs par quinzaine ; (Art. 3 de la loi de 1895 ; n° 33 instr. 1895.)

4° L'avis que, désormais, aucune opération faite par les déposants et nécessitant un mouvement de fonds et de valeurs, ne sera valable que si le reçu délivré sur le livret porte, outre la signature du Caissier, le visa et la signature de l'Administrateur ou de l'agent chargé du contrôle ; (Art. 14 loi de 1895 ; n° 35 Instr. 1895.)

5° L'avis que nul ne peut être en même temps titulaire d'un livret de Caisse nationale d'épargne et d'un livret de Caisse d'épargne ordinaire, ou de plusieurs livrets soit de la caisse nationale d'épargne, soit des Caisses d'épargne ordinaires, sous peine de perdre trois années d'intérêt des sommes déposées, à compter du jour de la constatation de la contravention; (Art. 18 loi de 1895, et loi du 6 avril 1901 ; n° 24 Instr. 1895.)

6° L'avis que les demandes d'achats de rentes présentées aux Caisses à partir du 20 décembre seront ajournées à l'année suivante ; (Circ. min. 24 janvier 1897.)

7° *Et, nous semble-t-il*, l'avis que l'exécution d'un transfert demandé à partir du 20 décembre inclus sera ajournée au 1er janvier. (Instr. du 10 mars 1893, rappelé par la Circ. min. précitée du 24 janvier 1897.)

73. Les deux avis 4° et 5° relatifs aux articles 14 et 18 doivent figurer sur la couverture des livrets antérieurs à la loi de 1895, soit au moyen d'un timbre spécial, soit au moyen de bandes gommées. (Nos 24 et 35 Instr. 1895.)

74. De plus, les articles 3, 14 et 18 de la même loi doivent être affichés en gros caractères en permanence dans les bureaux des Caisses. (Nos 24, 33 et 35 Instr. 1895).

75. **Livrets**. — Le livret est le titre du déposant, il est nominatif et non au porteur. Les livrets destinés à être remis aux déposants doivent être numérotés à l'avance en lettres et en chiffres, porter la signature d'un administrateur et, à côté, le timbre de l'établissement.

Au moment du premier versement, le nom et les prénoms du titulaire sont inscrits sur la première page. Si c'est une femme mariée ou une veuve, son nom d'alliance est placé à la suite ; s'il s'agit d'une Société, la dénomination qu'elle a adoptée est inscrite à la place du nom.

On ne doit porter sur le livret aucun renseignement propre à établir l'identité du titulaire (sauf dans le cas exposé au n° 297). Il faut surtout s'abstenir de le lui faire signer. (N° 19 Instr. 1857.)

76. **Livrets spéciaux pour le cas de dons conditionnels**. — La seule différence que présentent ces livrets sur les autres, c'est qu'une place est réservée en tête pour la mention de la condition et que des colonnes distinctes sont destinées, l'une aux sommes assujetties à une condition, l'autre aux sommes versées sans condition au nom du même titulaire. (N° 20 Instr. 1857.)

77. **Présentation des livrets pour les opérations**. — **Livrets en dépôt**. — Toute opération de versement ou de remboursement donne lieu à la présentation du livret. Les Caisses ont le droit, si elles le trouvent nécessaire pour passer leurs écritures, de retenir ledit livret ; dans ce cas, il est remis en échange un bulletin (modèle n° 8) contenant le numéro du livret, le nom seulement du déposant et l'opération à effectuer. Ce bulletin devient le titre provisoire du déposant.

Mais il est indispensable qu'elles ne gardent ces livrets que le temps strictement nécessaire pour passer leurs écritures ou faire leurs vérifications. Elles doivent donc inviter les titulaires soit verbalement, soit par lettre, à venir les chercher au bout d'un délai d'un mois au plus.

Si le titulaire n'a pas obéi à cette invitation, les Caisses sont autorisées, passé ce délai, à le prévenir que dans la quinzaine son livret lui sera renvoyé sous chargement et à ses frais.

L'Instruction de 1895 dit qu'il paraît équitable de mettre les frais de chargement des lettres et documents à la charge du déposant qui les a rendus nécessaires. (Nos 21 Instr. 1857, 42 Instr. 1893 et 42 Instr. 1895.)

78. En prévision des difficultés qu'amènerait un incendie, il est recommandé aux Caisses de ne pas laisser dans le même local leurs registres et les livrets laissés par les déposants pour la mise à jour de leur compte (Circ. min. 23 décembre 1846.)

79. **Inscription des opérations sur les livrets**. — Les opérations y sont inscrites en toutes lettres et en chiffres en regard de la date.

Désormais, aucune opération faite par les déposants et nécessitant un mouvement de fonds et de valeurs ne sera valable que si le reçu délivré sur le livret porte, outre la signature du Caissier, le visa et la signature de l'Administrateur ou de l'Agent chargé du contrôle.

Le mot « Vu » n'est point exigé. Il suffira de l'apposition de la signature précédée de l'*énonciation de la qualité* de la personne qui, en visant l'opération, l'aura rendue valable, c'est-à-dire, selon le cas, le *Directeur* ou l'*Administrateur* de service (cette dernière désignation devant plus particulièrement s'appliquer aux Directeurs adjoints), ou bien l'*Agent chargé du contrôle*.

Ces dispositions sont également applicables aux opérations effectuées par l'entremise des Percepteurs autorisés à prêter leur concours aux Caisses. (N°s 22 et 39 Instr. 1857, et 35 Instr. 1895.)

80. Inscription des intérêts et des arrérages de rentes. — La remise des livrets n'est pas de rigueur pour l'inscription soit des intérêts acquis en fin d'année, soit des arrérages de rentes perçus par la Caisse. Il suffit d'y porter ces indications lors de leur plus prochaine présentation. Les intérêts de plusieurs années ne sont pas indiqués avec détail, on se borne à en inscrire le montant acquis au déposant au moment de la présentation de son livret. (N° 23 Instr. 1857.)

81. Perte des livrets. — Duplicata. — En cas de perte, le livret est remplacé par un duplicata sur lequel le solde du compte est inscrit comme premier article.

Le duplicata est délivré dans le délai d'un mois à partir de la réception de la lettre de demande (modèle n° 9), laquelle doit être légalisée soit par le maire, soit par le commissaire de police.

La délivrance du duplicata est notée au registre matricule et au compte du déposant.

Si le livret primitif est retrouvé, il est annulé après que toutes les pages en ont été biffées. (N° 24 Instr. 1857.)

82. Propriété des fonds déposés. — Duplicata. — Le 2e paragraphe de l'art. 16 de la loi de 1895 tranche la question de propriété des fonds et l'attribue au titulaire du livret; cette disposition s'applique à tous les livrets ouverts au moment de la promulgation de la loi.

En conséquence, si le père ne veut pas donner à son enfant devenu majeur le livret ouvert à son nom pendant la minorité, celui-ci pourra obtenir un duplicata dudit livret, mais seulement après avoir dûment prouvé qu'il a fait des tentatives auprès de son père pour en obtenir la remise. (N° 37 Instr. 1895.)

83. Renouvellement des livrets épuisés. — Lorsqu'un livret est épuisé et doit être renouvelé, il convient de mentionner en toutes lettres le solde à inscrire à l'actif du nouveau livret et d'y faire apposer le visa de l'Administrateur de service. (N° 28 Instr. 1893.)

Nota. — En exécution du n° 10 de l'Instruction de 1895, on mentionnera également au livret, en chiffres, le montant des versements opérés dans l'année jusqu'au jour du renouvellement.

DOUBLES LIVRETS

84. Nul ne peut être en même temps titulaire d'un livret de Caisse nationale d'épargne et d'un livret de Caisse d'épargne ordinaire, ou de plusieurs livrets, soit de la Caisse nationale d'épargne, soit des Caisses d'épargne ordinaires, sous peine de perdre trois années d'intérêt des sommes déposées à compter du jour de la constatation de la contravention. (Art. 18 de la loi de 1895 et loi du 6 avril 1901.)

85. Cas particulier où l'art. 18 ne reçoit pas son application. — Ne sauraient être considérés comme contrevenants à cet article :

1° Le titulaire de deux livrets, lorsque les fonds de l'un d'eux sont indisponibles pendant un délai plus ou moins long ;

2° Le titulaire de deux livrets, dont l'un a été pris à l'insu du titulaire par un tiers qui a gardé le livret ;

3° Le titulaire de deux livrets, dont l'un n'a plus qu'un reliquat minime qui a pu faire croire au titulaire que ce livret était soldé ;

4° Le titulaire mineur possesseur de deux livrets dont l'un a été demandé par un instituteur ou par un maire agissant en cette qualité.

86. Dans l'énumération qui précède, il est possible de faire rentrer les livrets conditionnels de toute nature qui, pour ce motif, ne peuvent être transférés, sauf, pour certains d'entre eux, aux conditions indiquées au n° 249 :

Les livrets des cantonniers qui sont en possession des ingénieurs ou des agents-voyers ; (Voir, pour les versements, le n° 53.)

Ceux que divers industriels, et en particulier les Compagnies de chemins de fer, demandent pour leurs ouvriers et conservent entre leurs mains pour y opérer des versements au compte de ces derniers et dont les fonds restent indisponibles jusqu'à une époque déterminée ; (Voir le n° 52.)

Les livrets à remboursement différé donnés comme prix aux enfants des écoles ;

Les livrets scolaires, s'ils restent entre les mains de l'instituteur ;

Le livret au nom d'un déposant nu-propriétaire d'un second livret soumis à usufruit.

87. Après le décès d'un déposant, le conjoint ou les autres ayants-cause qui seraient titulaires d'un livret à leur nom personnel, ne peuvent être regardés comme possesseurs d'un double livret à raison des droits qu'ils ont sur celui de leur auteur. (N° 25 Instr. 1895.)

88. Infractions à l'article 18. — Contrôle des contraventions relevées. — Le devoir des Caisses est de se préoccuper constamment de la recherche des contraventions qui pourraient se produire. Les Inspecteurs des finances, ayant accès à la fois dans les Caisses d'épargne et dans les bureaux de poste, sont plus spécialement appelés à les relever.

Les Caisses devront se rendre compte, au moyen des renseignements signalétiques qu'elles possèdent, si les contraventions relevées existent réellement et si une similitude de noms et de prénoms ne cache pas deux personnalités différentes, ce que révèlent seulement le lieu et la date de naissance. (Voir n° 92.)

89. Cas où l'existence de deux livrets au même nom ne constitue pas une contravention punissable. — Dans ces cas, très rares, le montant cumulé des deux livrets ne devra pas excéder 1,500 fr. (Nos 22 Instr. 1893 et 26 Instr. 1895.)

90. Application de la pénalité. — La retenue des intérêts ne peut pas remonter à plus de trois ans à compter du jour de la « constatation de la contravention » ; cette constatation est rendue définitive par la décision ministérielle, qui n'est prise qu'après l'examen des contraventions présumées. (Voir N° 93.)

91. Lorsque, entre la découverte de coexistence de livrets multiples faite par l'Inspection des finances et la décision ministérielle déclarative de la contravention, un titulaire demande spontanément le paiement de l'un de ses livrets, la Caisse ne peut pas le refuser, mais elle doit opérer une retenue égale au montant des intérêts courus pendant les trois années de coexistence qui précède la date du paiement pour solde.

Elle remboursera ultérieurement au titulaire tout ou partie de cette retenue provisoire, selon que la contravention n'aura pas été établie, ou que cette retenue se trouvera diminuée du fait de la supputation définitive calculée d'après la date ultérieure de la décision ministérielle déclarative de la contravention.

92. Les contraventions constatées devront être soumises au Ministère *dans le plus bref délai possible* et non plus dans le délai de trois mois, la solution devant être d'autant plus prompte qu'il peut se présenter le cas où, au moment de la découverte de la contravention, l'ouverture du second livret remonterait à moins de trois ans.

Le modèle d'un état spécial, auquel la Caisse doit se conformer, est annexé à la circulaire. Cet état, rempli dans sa première partie et dans la colonne des observations, doit être transmis au Ministère dès que la contravention a été relevée et notifiée par l'Inspection des finances.

93. Le Ministère vérifie cet état et fait connaître, en le retournant, les noms des titulaires contrevenants ; cette notification constitue la décision déclarative de la contravention.

Les intérêts à supprimer seront donc ceux courus pendant les 72 quinzaines à calculer rétroactivement à partir du 1er ou du 16 précédant cette décision.

94. L'état, rempli ensuite dans sa deuxième partie, sauf en regard des comptes en non contravention ou réservés, est envoyé de nouveau, sans retard, au Ministère, lequel fait déduire par la Caisse des dépôts et consignations la somme globale des intérêts à supprimer et avise la Caisse du montant à récupérer sur chacun des contrevenants. (Interprétation des Circ. min. des 1er mai 1901 et 28 mars 1902.).

95. Mesures de publicité — Il conviendra de donner une grande publicité aux contraventions qui auront motivé des retenues d'intérêts, sans toutefois citer les noms des contrevenants, qui seront simplement désignés par une initiale ou la lettre X, avec indication du montant des retenues d'intérêts faites à chacun.

La liste de ces contraventions pourra être affichée dans la salle des séances. (N° 24 Instr. 1895.)

REMBOURSEMENTS.

CERTIFICATS DE PROPRIÉTÉ.

96. Demandes de remboursements. — Les Caisses peuvent recevoir les demandes de remboursements tous les jours de la semaine; mais les bordereaux de ces demandes ne sont clos que le jour de la séance hebdomadaire, et les Caisses ne sont tenues d'effectuer les remboursements que 15 jours après la clôture de ces bordereaux (modèles nos 10 et 11).

Le déposant ou son représentant (modèle n° 12) remet le livret et souscrit la demande de remboursement sur la première partie d'une formule (modèle n° 13) dont la seconde partie est destinée à la quittance. Ces deux parties restent adhérentes l'une à l'autre et sont pliées de manière qu'en signant la seconde, le déposant ne puisse voir la première. (Voir le n° 99.) (N° 25 Instr. 1857.)

97. — Préparation des remboursements — Comme, entre la demande de remboursement et le payement, il est toujours loisible au déposant d'y renoncer, et qu'il peut aussi arriver qu'il ne soit pas en demeure d'y donner suite, il convient de se borner à faire l'addition des capitaux sur les comptes courants, ainsi que sur les livrets, après y avoir ajouté les intérêts de l'année précédente qui n'y auraient pas encore été portés. (N° 26 Instr. 1857.)

98. Bordereaux de préparation des remboursements partiels. — Ce bordereau (modèle n° 14) ne présente que le numéro du livret, le nom du déposant, le solde des capitaux et la somme demandée ; il ne reste, le jour du payement, qu'à sortir, dans deux colonnes distinctes, les sommes payées et les sommes non payées : la réunion de ces deux dernières sommes doit reproduire le total des demandes. (Voir le n° 99.) (N° 27 Instr. 1857, partie.)

99. Interprétant le n° 25 ci-dessus énoncé, certaines Caisses, depuis longtemps, opèrent à vue les remboursements demandés soit en les limitant à une certaine somme, soit jusqu'à concurrence des fonds en Caisse.

En édictant que les Caisses pourront rembourser à vue les fonds déposés, l'article 3 de la loi de 1895 a sanctionné cet usage, que voyait avec faveur le n° 30 de l'Instruction de 1893.

Cette manière de faire, dit le n° 33 de l'Instruction de 1895, entraînera naturellement des modifications importantes dans le système que l'Instruction de 1857 a établi pour les demandes de remboursements et les bordereaux de demandes de remboursements.

L'article 3 précité laisse aux Caisses la faculté d'opposer le délai de quinzaine à une demande de remboursement. Il donne le droit, en cas de force majeure, aux Ministres des Finances et du Commerce, le Conseil d'Etat entendu, de rendre un décret échelonnant les remboursements à raison de 50 francs par quinzaine.

100. Les dispositions de cet article sont également applicables aux institutions autorisées à avoir un compte de 15,000 francs. (N° 11 Instr. 1895.)

101. Bordereaux de préparation des remboursements totaux. — Ces remboursements sont préparés sur un bordereau spécial (modèle n° 15) qui contient, outre le numéro du livret et le nom du déposant, tout ce qui a rapport au débit et au crédit, ainsi qu'à la capitalisation des intérêts, savoir :

1° L'ancien débit, c'est-à-dire l'intérêt rétrograde sur les remboursements partiels antérieurs effectués depuis le commencement de l'année ;

2° Le débit nouveau, soit l'intérêt rétrograde calculé sur le solde des *capitaux* dont le remboursement est demandé ;

3° L'ensemble de ces débits ;

4° Le montant total des intérêts anticipés depuis le commencement de l'année ;

5° La différence tirée entre le total des intérêts rétrogrades et celui des intérêts anticipés, laquelle donne l'intérêt qui doit, en définitive, être bonifié au déposant. Cette différence, ajoutée au solde ancien des capitaux qui figure dans une colonne spéciale, forme le solde nouveau remboursable. Les deux dernières colonnes du bordereau sont destinées à faire ressortir, à la fin de la journée, dans l'une les sommes payées, dans l'autre les sommes non payées ; les premières d'après les livrets mêmes. (N° 27 Instr. 1857, partie.)

102. Nullité de la demande de remboursement intégral non suivie d'exécution au jour fixé. — Si un livret préparé pour le solde n'est pas payé au jour fixé, il doit être préparé de nouveau, afin que le déposant ne perde aucun intérêt ; celui-ci ayant droit aux intérêts jusqu'au 1er ou au 16 qui précède, non pas la demande, mais l'opération réellement exécutée. (N° 31, Instr. 1893.)

103. Retenue en cas de remboursement intégral ou de transfert. — La retenue de 0 fr. 25 ou de 0 fr. 50 que font subir certaines Caisses aux livrets transférés ou soldés est reconnue licite en ce sens qu'elle compense les pertes qu'elles font en avançant des intérêts dont elles ne seront créditées que le 31 décembre par la Caisse des dépôts. (N° 32 Instr. 1893.)

104. — Quittances de remboursements. — Vérification des signatures. — Le déposant doit, en principe, donner quittance de tout remboursement qu'il reçoit (modèle n° 13). Cette signature, si elle est donnée par le déposant lui-même et, dans le cas contraire, celle que contient la procuration, doit toujours être rapprochée de la signature apposée sur le registre matricule. En cas de doute, il est procédé à un interrogatoire ou à une information. (Nos 28 et 30 Instr. 1857.)

105. Quittances sur registres. Les quittances données sur registres par voie d'émargement ne sont pas formellement interdites par les règlements, mais il résulte d'une décision judiciaire qu'elles ne constituent qu'une présomption et non une preuve de payement comme la quittance donnée par acte séparé. (N° 33 Instr. 1893.)

106. Remboursement des intérêts de l'année précédente au porteur du livret et sans quittance. Ce mode de payement constitue une très grave irrégularité qui engage la responsabilité des Caisses et les expose à voir contester la validité des payements qu'elles ont faits. (N° 35 Instr. 1893.)

107. Quittances de remboursements faits :

1° *A des femmes assistées de leur mari* : Si le livret est au nom de la femme — que celle-ci se soit déclarée mariée lors du premier dépôt ou ultérieurement — les époux signent tous deux la quittance. Si un seul est présent, on le fait signer et l'on annexe à la quittance le consentement écrit et signé de l'autre.

108. 2° *A un mineur non émancipé* : La quittance doit être signée par la personne chargée de l'administration de ses biens ou de sa tutelle. Si c'est un père qui retire pour ses enfants, il sera bon de l'indiquer sur les pièces de remboursement. (Nos 29 Instr. 1857 et 36 Instr. 1893.)

109. 3° *A un tiers* : Le tiers doit présenter la procuration sous seing privé du déposant qu'il remplace (modèle n° 16) à moins qu'il ne soit porteur du brevet original ou de l'expédition d'une procuration authentique, générale ou spéciale, contenant pouvoir de toucher et de donner quittance. La signature du mandant apposée sur le modèle n° 16 doit être légalisée par le maire de la commune où il réside.

La procuration reste annexée à la quittance souscrite par le mandataire. Toutefois, la procuration notariée générale ou spéciale n'est pas conservée par la Caisse, mais il en est fait un extrait au dos de la quittance. (Nos 29 Instr. 1857 et 36 Instr. 1893.)

La procuration est exempte du timbre, qu'elle soit sous seing privé ou notariée. (Circ. min. 4 août 1900.)

110. 4° *Aux sociétés et associations de toute nature* : La quittance doit être signée par un délégué ou mandataire porteur des pièces justifiant qu'il agit statutairement. Dans le cas où les statuts ne renfermeraient aucune prévision relative au retrait des fonds, le délégué ou mandataire doit être porteur d'une procuration signée de tous les membres composant le conseil d'administration de la société. (N° 32 Instr. 1857.)

Nota. — Si le remboursement est demandé par une femme non assistée de son mari ou par un mineur agissant seul, voir le chapitre spécial (n°s 291 à 323).

111. Remboursement des fonds des condamnés militaires libérés. — Les conseils d'administration des corps de troupe sont chargés de remettre eux-mêmes aux anciens condamnés militaires libérés du service le mandat sur le Trésor représentant le montant des fonds versés à leur nom à la Caisse d'épargne. A cet effet, ces conseils devront envoyer à l'avance aux Caisses (15 jours ou plus, suivant les lieux de garnison) les livrets acquittés à rembourser, de manière à recevoir les mandats assez à temps pour les remettre aux titulaires avant leur départ. (Circ. min. 10 octobre 1883.)

112. Remboursements aux personnes ne sachant ou ne pouvant signer. — Faculté accordée aux femmes d'être témoins pour les actes de l'état civil et les actes instrumentaires en général. (Loi du 7 décembre 1897.) — Le texte modifié, par cette loi, des articles 37 et 980 du Code civil et des articles 9 et 11 de la loi du 25 ventôse an XI est reproduit dans la circulaire du 29 janvier 1900.

Les Caisses ont la faculté de payer aux déposants dont l'identité est constante, ne sachant ou ne pouvant signer, au moyen d'un certificat remplaçant la quittance, signé par deux témoins, *majeurs, français, sans distinction de sexe. Toutefois le mari et la femme ne peuvent être témoins pour la même quittance.* En outre, ce certificat est signé par l'Administrateur de service, qui atteste ainsi que la formalité s'est accomplie en sa présence. (Voir le n° 425.)

113. Mais les Caisses ont le droit de refuser d'agir ainsi et de ne payer que sur une quittance signée d'un mandataire porteur d'une procuration passée devant notaire ou devant le maire de la résidence du titulaire (modèle n° 17).

Que la procuration soit produite pour un paiement ordinaire ou pour un paiement après décès, elle peut être acceptée lorsque les témoins, sur l'attestation desquels elle a été établie, remplissent les conditions spécifiées par la loi du 7 décembre 1897 soulignées ci-dessus. (N° 31 Instr. 1857 et Circ. min. 29 janvier 1900.)

114. Remboursements supérieurs ou inférieurs à 150 francs. — Il n'est pas fait de distinction entre ces payements, que les Caisses ont la faculté de faire à leurs risques et périls, par la raison que la quittance ne constitue pas seule une décharge pour la Caisse. En effet, les remboursements étant inscrits sur le livret délivré au déposant comme les versements, celui-ci ne serait pas fondé à prétendre que l'inscription des versements ferait seule foi en sa faveur et que celle des remboursements n'aurait aucune valeur contre lui et pour libérer la Caisse d'épargne. Par suite, le réclamant qui prétendrait ne pas avoir été remboursé devrait commencer par prouver la fausseté de la mention de remboursement inscrite sur le livret. Quant au remboursement intégral, il est établi par la remise et l'annulation du livret, de sorte que le déposant se trouverait sans titre pour soutenir sa prétention.

Cette preuve lui serait très difficile, sinon impossible, si la Caisse avait entre les mains une déclaration signée de deux tiers désintéressés constatant le paiement. Pour démontrer la mauvaise foi du réclamant, une semblable déclaration aurait non moins d'efficacité qu'une quittance, que le signataire, en pareille circonstance, serait toujours capable de dénier. Toutes ces pièces constitueraient indubitablement le commencement de preuve par écrit rendant admissible la preuve testimoniale. (N° 34 Instr. 1893 et partie d'une lettre du Ministre du Commerce au Ministre des Finances du 1er décembre 1885.) (Voir le n° 425.)

Nota. — Annulation des livrets soldés. — L'annulation prévue au 1er alinéa du n° ci-dessus doit, pensons-nous, être opérée au moyen d'un cachet spécial qui est apposé sur toutes les pages du livret sans exception.

115. Remboursements des dons conditionnels.— A l'époque où un don devient disponible par l'expiration du délai imposé au remboursement, le titulaire doit en fournir la preuve, et, si le don a été subordonné, pour une fille mineure, à la condition de son mariage, l'acte de célébration doit être accompagné du consentement du mari au paiement demandé. (N° 33 Instr. 1857.)

116. Remboursements en cas de cession de livret au profit d'un tiers. — Si la cession a été faite par acte authentique et dûment signifié par acte extra-judiciaire, accompagné de la production du livret, le cessionnaire n'est tenu qu'à justifier de son identité.

Nota. — « L'acte authentique » est celui qui a été reçu par un officier public (notaire, greffier, huissier, officier de l'état civil) compétent pour instrumenter dans le lieu où l'acte a été rédigé, et avec les solennités requises. (Code civil, articles 1317-1321.)

117. Si la cession résulte d'un acte sous signature privée, enregistré et dûment signifié à la Caisse, accompagné de la production du livret, la Caisse peut rembourser sans autre justification que celle de l'identité du cessionnaire. Néanmoins si elle le jugeait nécessaire elle pourrait demander le concours du cédant ou un acte authentique, contenant reconnaissance d'écriture de l'acte de cession sous seing privé.

Nota. — Les actes sous seing privé sont des actes que les parties rédigent elles-mêmes, sans l'intervention d'un officier public, et qui sont simplement revêtus de leurs signatures. (Code civil, articles 1322-1332). (N° 35 Instr. 1857.)

L'Instruction du 10 mars 1893, relative aux transferts, dit au 3e paragraphe : Si le titulaire du compte ... l'a cédé ... le cessionnaire doit établir sa qualité par la production d'un certificat de propriété et faire mettre le livret à son nom par la Caisse expéditrice.

118. Remboursements après décès. — Certificats de propriété et actes de notoriété. — Visa pour timbre et enregistrement gratis. — Les remboursements après décès ne doivent avoir lieu que sur la production de certificats de propriété délivrés dans les conditions de la loi du 28 floréal an VII — et par les maires lorsque le livret n'excède pas 150 francs — (Pour ces derniers, voir le n° 164.)

Les Caisses peuvent accepter les certificats de propriété et actes de notoriété lorsque les témoins, sur l'attestation desquels ils ont été établis, remplissent les conditions spécifiées par la loi du 7 décembre 1897. (Voir le n° 112.) (N° 37 Instr. 1893 et Circ. min. 29 janvier 1900.)

119. Les termes de l'article 3 de la loi du 7 mai 1853, commentés dans la circulaire ministérielle du 29 août 1853, et ceux encore plus formels de l'article 23 de la loi du 20 juillet 1895, comportent, pour les magistrats ou officiers ministériels intéressés, notamment pour les notaires, l'obligation, à laquelle ils ne sauraient se soustraire, de délivrer dans les conditions de la loi du 28 floréal an VII, les certificats de propriété destinés aux Caisses d'épargne. La Commission supérieure a émis en ce sens un avis qui a été partagé par MM. les Ministres de la Justice et des Finances. (Circ. min. 23 janvier 1900, 2e alinéa.)

120. Les Caisses devront refuser d'une manière absolue :

1° Tout certificat de propriété ou acte de notoriété qui n'aurait pas été soumis à l'enregistrement. (Voir le n° 122.)

2° Tout certificat de propriété qui ne ferait pas connaître *le montant en capital du livret au jour du décès.*

La somme à mentionner comme montant en capital du livret au jour du décès est le *solde du livret au 1er janvier*, accru, s'il y a lieu, des versements ou diminué des remboursements qui ont pu être effectués, mais sans qu'il y ait lieu de tenir compte des intérêts courus jusqu'au jour du décès.

121. Les Caisses ont d'autant plus le droit de se montrer rigoureuses à ce sujet que les notaires et les juges de paix ont été avisés de l'obligation qui leur incombe à cet égard en ce qui concerne spécialement les certificats de propriété à produire aux Caisses d'épargne. Par une circulaire du 19 février 1896, M. le Garde des sceaux, Ministre de la Justice, a, en effet, adressé sur ce point à MM. les Procureurs généraux des instructions très précises qu'ils ont été invités à communiquer aux chambres de Notaires et à faire porter à la connaissance des Juges de paix.

122. Les Caisses ne pourront point exiger l'apposition d'un cachet quelconque accompagnant la mention signée par le Receveur de l'enregistrement, pas plus qu'elles n'auront à se préoccuper de l'omission des mots : *Visé pour timbre*, dans la mention constatant l'accomplissement de la formalité de l'enregistrement. (N° 40 Instr. 1895. — Circ. min. 23 janvier 1900, 2e partie, 1°.)

123. Les certificats de propriété seront visés pour timbre et enregistrés gratis dans les cas suivants (nos 123 à 126), quelle que soit la qualité de leur auteur, maire, notaire ou juge de paix :

A. Lorsque, indépendamment des fonds appartenant au titulaire décédé, *le certificat vise des inscriptions de rente achetées pour le compte de ce titulaire et déposées à l'établissement.* Le titre de rente, acquis dans les conditions déterminées par la législation sur les Caisses d'épargne, représente en définitive les fonds déposés par le titulaire du livret et dont il a été fait emploi ; il n'existe donc aucun motif pour distinguer, au point de vue de la dispense d'impôt, entre le titre de rente et le livret lui-même. Au surplus, ce certificat est destiné uniquement à procurer le retrait des inscriptions en dépôt, mais ne saurait être utilisé pour poursuivre le transfert ou la mutation desdites inscriptions, et les Caisses d'épargne n'ont pas, au surplus, qualité pour procéder à ces opérations.

124. *B.* Lorsque le certificat de propriété a pour objet de constater, *à la suite du décès du mari, que le livret ouvert au nom de la femme survivante lui appartient en propre, à défaut de communauté ayant existé entre les époux.* La décision du 11 juin 1888, de même que l'article 23 de la loi du 20 juillet 1895, vise uniquement les pièces à produire après le décès du titulaire de livret, parce que c'est l'hypothèse appelée à se rencontrer le plus fréquemment ; il n'en est pas moins vrai que l'objet et la nécessité du certificat apparaissent les mêmes dans le cas qui vient d'être exposé. Quand il s'agit de conjoints, le décès de l'un d'eux a nécessairement pour effet de créer une situation nouvelle relative à la propriété des fonds déposés et aux conditions dans lesquelles devra s'en opérer le remboursement, alors même que le livret serait au nom du conjoint survivant ; c'est cette situation qu'il importe de déterminer vis-à-vis de la Caisse. Que le certificat ait pour objet de constater, suivant le régime matrimonial, que les fonds appartiennent actuellement pour partie aux héritiers de l'époux décédé, ou bien que, nonobstant ce décès, ils continuent de demeurer intégralement la propriété de l'époux survivant, on ne saurait établir une distinction au point de vue fiscal, puisque, dans l'un ou l'autre sens, l'acte est destiné à désigner les personnes ayant droit aux sommes déposées et entre les mains desquelles la Caisse peut se libérer valablement sans engager sa responsabilité.

En définitive, la loi du 9 avril 1881 a accordé une exemption de droits maintenue par celle du 20 juillet 1895, aux actes de toute espèce nécessaires pour le service des Caisses d'épargne, et par là il faut entendre ceux que les parties ne sauraient se dispenser de produire et auxquels elles ne seraient pas admises à suppléer par d'autres formalités.

125. *C.* Lorsque *le certificat de propriété est produit à l'occasion de séparation de corps ou de biens ou de divorce pour établir les droits de la femme résultant de la liquidation de la communauté*, et cela par les raisons qui précèdent.

126. *D. Lorsque le certificat de propriété est délivré par le maire pour les livrets n'excédant pas 150 francs.* (Circ. min. 23 janvier 1900, 2e partie, 3°.)

127. Délivrance des certificats de propriété. — Sont appelés à délivrer les certificats de propriété, d'après l'ordre indiqué par l'article 6 de la loi du 28 floréal an VII :

(a) Les notaires ;

(b) Les juges de paix ;

(c) Les greffiers des tribunaux de première instance et d'appel ;

(d) Et à l'étranger, les magistrats autorisés par les lois de leur pays.

128. La compétence des juges de paix et des greffiers est limitée aux cas déterminés par la loi.

129. Celle des notaires peut être admise dans toutes les circonstances qui nécessitent la délivrance d'un certificat de propriété.

130. *(a)* Notaires.

Le droit de délivrance appartient au notaire détenteur :

Soit de la minute de l'un des quatre actes mentionnés en l'article 6 de la loi du 28 floréal an VII : inventaire, partage, donation, testament ;

Soit de la minute d'un acte translatif quelconque, ayant trait à la propriété de la rente, tel que :

Contrat de mariage, transport de droits successifs, acceptation de donation, délivrance de legs, dépôt, avec reconnaissance d'écritures, d'actes sous seing privé, nantissements, etc.

L'énumération faite en la loi du 28 floréal an VII ne peut être, en effet, considérée comme limitative, et une extension doit être admise pour tous autres actes attributifs ou translatifs de propriété.

131. Le notaire détenteur de la minute du dernier acte qui a fixé la propriété dans les mains des parties prenantes au jour du certificat de propriété n'a pas un droit exclusif, mais un simple droit de préférence.

Par suite, si deux ou plusieurs de ces actes ont été dressés par des notaires différents, et que ces notaires ne croient pas devoir concourir ensemble à la délivrance du certificat, ou qu'ils ne puissent le faire, comme n'étant pas du même ressort, le droit de délivrance appartient indistinctement au notaire détenteur de l'une quelconque des minutes, à la condition de faire le dépôt dont il va être parlé.

132. Le notaire qui n'est détenteur que de l'une ou de plusieurs des minutes des actes translatifs de propriété doit viser, en outre, les expéditions ou extraits à lui déposés pour minute, de tous autres actes reçus par d'autres notaires, et qui seraient nécessaires pour compléter l'établissement des droits des nouveaux propriétaires.

Il se fera également déposer tous autres actes et pièces de toute nature qui seraient utiles, tels que : copies d'actes de l'état civil, grosses ou extraits de jugements, originaux de significations, certificats de non-opposition ni appel, etc.

133. La minute d'un simple acte de notoriété dressé, à défaut d'inventaire, pour établir les qualités héréditaires des parties ou constater l'absence d'héritiers réservataires en cas de donation universelle ou de legs au même titre, ne peut suffire pour conférer au notaire qui en est détenteur la faculté de dresser le certificat de propriété, dès lors qu'existe dans une autre étude la minute soit de l'un des actes visés en la loi de floréal, soit d'un acte quelconque translatif de propriété.

Ce notaire n'aurait donc pas qualité pour agir, même en se faisant déposer l'expédition ou l'extrait de ce dernier acte.

134. Néanmoins, lorsque la mutation n'a pas d'autre cause de transmission que le fait du décès, cas dans lequel le juge de paix semble être le seul fonctionnaire désigné par la loi, le certificat de propriété délivré par un notaire et basé uniquement sur la minute d'un acte de notoriété ou sur le brevet original d'un acte de notoriété déposé pour minute, est reconnu comme suffisant et peut être admis.

(Un arrêt de la Cour de cassation, du 9 août 1843, paraît avoir admis implicitement le droit pour un notaire de délivrer un certificat de propriété dans ces conditions, en rejetant un pourvoi formé contre un arrêt de la Cour de Bordeaux, du 24 juin 1842, confirmant un jugement rendu le 17 février 1841 par le tribunal de cette ville. D'un autre côté, on peut citer, en sens contraire, un arrêt de la Cour de Paris du 31 juillet 1853, confirmé en cassation le 8 mai 1855, et un jugement du tribunal civil de Saint-Mihiel du 26 décembre 1877. En présence de ces divergences, la question dont il s'agit fera l'objet d'une étude complémentaire, dont les résultats seront ultérieurement portés à la connaissance des Caisses d'épargne.)

135. La minute d'un simple acte de réquisition ne peut conférer au notaire qui en est détenteur le droit de délivrer le certificat, à moins que la réquisition faite par *toutes les parties majeures et maîtresses de leurs droits* ne soit accompagnée d'une déclaration expresse de *leur part*, contenant division des rentes ou consentement de rester dans l'indivision.

Mais la réquisition faite seulement dans le certificat délivré en brevet est insuffisante ; il en serait de même de toute réquisition en minute émanant d'un *seul* ayant droit, ou *d'incapables*.

136. Si la mutation s'est opérée en vertu d'un jugement, le notaire pourra avoir qualité, ainsi que le greffier, pour délivrer le certificat de propriété, parce que les droits des parties qui ont été l'objet d'une contestation peuvent résulter partiellement d'actes ayant précédé ou suivi ce jugement.

Il suffira alors que le notaire soit détenteur de la minute de l'un de ces actes, et il se fera déposer en outre la grosse du jugement et les pièces constatant son exécution, ou qu'il est passé en force de chose jugée, ainsi que les expéditions ou extraits de tous autres actes authentiques utiles dont il n'aurait pas les minutes.

137. Quand il s'agit d'actes reçus à l'étranger et même dans les colonies françaises, un notaire français est également compétent en se faisant déposer ces actes eux-mêmes, ou leurs expéditions ou extraits dûment légalisés, contrairement à ce qui a lieu lorsque le premier notaire exerce légalement en France.

Un arrêt de la Cour des comptes, du 24 juin 1895, donne même un droit de préférence aux certificats délivrés par les notaires français.

138. La signature des notaires, excepté pour le département de la Seine, est légalisée par le président du Tribunal civil de l'arrondissement. Elle peut l'être aussi par le juge de paix de leur canton, lorqu'ils n'exercent pas dans les chefs-lieux de département ou d'arrondissement. *(Loi du 25 ventôse an XI, art. 28, et loi du 2 mai 1861.)*

139. *(b)* Juges de paix.

Les juges de paix ne sont compétents pour délivrer les certificats concernant les titulaires décédés dans leur ressort, qu'en l'absence de tout acte translatif ou attributif de propriété, et lorsque les droits des nouveaux propriétaires résultent uniquement des dispositions de la loi, sans être modifiés ou constatés par aucun acte antérieur ou postérieur au décès du titulaire. *(Annotation se trouvant à la suite du décret du 18 septembre 1806.)*

140. Ainsi ils cessent d'avoir qualité pour cette délivrance, lorsqu'il existe soit un acte notarié quelconque ayant trait à l'hérédité, sauf s'il s'agit d'un simple acte de notoriété qui aurait été dressé par un notaire à défaut d'inventaire pour constater les qualités héréditaires, acte que le juge de paix doit d'ailleurs s'abstenir de relater dans son certificat ; soit un jugement en vertu duquel la mutation s'est opérée, non seulement quand le jugement a statué sur la propriété des fonds déposés par suite d'une contestation survenue entre les parties, mais encore lorsqu'il a prononcé l'envoi en possession provisoire ou définitive par suite d'absence, ou la déclaration de vacance ou de déshérence d'une succession, ou encore l'envoi en possession au profit d'un conjoint survivant ou de tout autre successeur irrégulier appelé à succéder à défaut d'héritiers légitimes ; soit des actes quelconques dressés au greffe d'un tribunal, tels que actes d'acceptation ou de renonciation d'une communauté ou d'une succession ; soit enfin des actes sous seing privé, tels que ceux contenant partage ou transport des droits successifs ; ces sortes d'actes ne peuvent servir de base à l'établissement des droits des parties qu'autant qu'ils sont devenus authentiques par le dépôt avec reconnaissance d'écritures, en l'étude d'un notaire, ou que cette reconnaissance a eu lieu en justice ; un greffier de justice de paix ne peut, en effet, recevoir régulièrement le dépôt d'actes sous-seing privé et les ranger dans les minutes du greffe. *(Arrêt de la Cour de cassation, chambre civile, audience des 13 et 14 février 1866.)*

141. Les certificats de propriété sont délivrés en brevet par les juges de paix ; leur signature doit être légalisée par le président du Tribunal civil de l'arrondissement dans lequel ils exercent leurs fonctions.

142. Ainsi l'expédition, que délivrerait un greffier de justice de paix, d'un certificat de propriété conservé dans les minutes du greffe, ne pourrait être admise.

143. *(c)* Greffiers.

Le greffier du Tribunal civil ou de la Cour d'appel délivre le certificat de propriété lorsque, par suite de contestations litigieuses, les droits des nouveaux propriétaires de la rente sont établis par un jugement ou un arrêt. Mais si un jugement a pour objet seulement de prescrire des mesures conservatoires, par exemple la nomination d'un administrateur, ou d'autoriser le remboursement des fonds dépendant d'une succession, c'est au notaire détenteur de la minute de l'un des actes qui ont dû précéder ou suivre l'obtention du jugement qu'appartient le droit exclusif de la délivrance.

144. La signature du greffier du Tribunal ou de la Cour d'appel est légalisée par le président du Tribunal ou de la Cour.

145. *(d)* Notaires ou magistrats étrangers et consuls.

Quant aux successions ouvertes à l'étranger, les certificats peuvent être délivrés par les magistrats, notaires ou autres fonctionnaires autorisés par les lois de leur pays, sur la justification d'un certificat de coutume attestant que les signataires des certificats de propriété ont qualité à cet effet.

146. Les consuls étrangers en France peuvent également délivrer des certificats de propriété pour les rentes qui dépendent des successions de leurs nationaux, mais seulement lorsque le droit d'instrumenter leur a été formellement reconnu par une convention diplomatique.

147. De même les consuls français hors de France sont admis à délivrer des certificats de propriété pour les successions des Français décédés, domiciliés dans l'étendue de leur juridiction.

148. Les certificats délivrés par les magistrats ou fonctionnaires étrangers sont légalisés en premier lieu par les autorités du pays, et ensuite par les consuls français et au ministère des affaires étrangères en France.

149. Ceux que délivrent les consuls étrangers ou français sont légalisés au Ministère des Affaires étrangères. (*Ordonnances des 23, 25 et 28 octobre 1833.*) (Circ. min. 23 janvier 1900, titre 1er, 1°.)

150. Objet des certificats de propriété. — L'objet des certificats de propriété est de placer, entre le créancier et le débiteur, un intermédiaire chargé d'attester, sous sa responsabilité personnelle, les droits de la partie à recevoir un payement. Les comptables n'ont donc pas à rechercher s'il peut exister d'autres ayants droit que ceux désignés par l'officier ministériel ou le magistrat, leur rôle se borne à vérifier si tous les actes justificatifs de la propriété sont visés et si les conclusions du certificat sont conformes aux énonciations de ces actes.

151. D'un autre côté, le notaire ne peut être garant que des faits qui résultent des actes dont il est détenteur, et si, postérieurement à la délivrance d'un certificat de propriété à l'héritier apparent, un autre héritier vient à se faire connaître, il est à l'abri de toute responsabilité, dès lors qu'aucune contestation relative aux qualités héréditaires n'avait été soulevée, à sa connaissance, avant l'établissement du certificat. On ne saurait exiger du notaire, rédacteur du certificat de propriété, qu'il garantisse que les droits du requérant sont inattaquables et en dehors de toute contestation possible.

152. Lorsque le certificat de propriété est basé sur un acte de notoriété reçu par le notaire, cet officier ministériel ne certifie pas dans l'acte de notoriété la réalité d'un fait ; il se borne à recueillir, sur ce fait, le témoignage de personnes honorables et de bonne foi et à consigner par écrit leurs déclarations. Ce qui doit être considéré comme constant, en vertu d'un acte de notoriété, ce n'est même pas le fait lui-même, mais l'attestation qui en est fournie au notaire, la croyance commune. Or on ne saurait contraindre un notaire à attester, dans un certificat, un fait ou une situation qu'il n'a pas constatée par lui-même, qui ne ressort pas d'actes en sa possession, et au sujet duquel il s'est borné à enregistrer l'affirmation de témoins.

Par exemple, à défaut de testament visé dans l'acte, le notaire ne saurait être obligé de mentionner que le *de cujus* est décédé intestat, alors même que cette énonciation serait portée dans l'acte de notoriété servant de base au certificat, du moment où la situation dont il s'agit ne résulte pas d'actes ou de pièces qu'il aurait en sa possession. Cette mention ne figure, au surplus, dans aucun des modèles de certificat de propriété donnés par les auteurs.

153. En ce qui concerne les tiers, ils sont couverts par le certificat de propriété, auquel provision est due et qui constitue à leur égard une présomption suffisante ; ils ne sauraient se dispenser de payer et ils se libèrent valablement entre les mains de ceux qui sont indiqués comme représentant le créancier décédé. (Circ. min. 23 janvier 1900, titre 1er, 2°.)

154. Forme des certificats de propriété. — Les actes et pièces établissant les droits des parties sont mentionnés dans le certificat de propriété par ordre de date et analysés sommairement ; il suffit d'en relater les stipulations relatives aux valeurs dont la mutation est requise.

155. Quand le certificat comprend plusieurs valeurs, par exemple des livrets à partager entre divers ayants-droit, il est nécessaire d'indiquer la portion revenant à chacun d'eux, non pour chaque valeur ou livret isolément, mais pour l'ensemble des sommes visées.

156. Dans la disposition finale où se trouve la certification du droit de propriété, le notaire doit désigner les nouveaux propriétaires par noms et prénoms, sans omettre les qualités civiles de : fille majeure, femme de... ou veuve de... Il mentionne, lorqu'il y a lieu, qu'ils sont légataires ou héritiers sous bénéfice d'inventaire. Pour les mineurs et interdits, il indique les noms, prénoms et qualités des tuteurs, administrateurs ou conseils judiciaires.

157. Lorsque les énonciations contenues dans le certificat de propriété font connaître que les fonds à rembourser sont soumis à certaines clauses ayant pour objet d'en restreindre la libre disposition, telles que l'incessibilité, la dotalité, la substitution, le droit de retour, les envois en possession, les usufruits, les actes stipulant les indisponibilités ou seulement la faculté d'aliéner à certaines conditions sont relatés dans le certificat.

Dans ce cas et s'il s'agit de livrets de déposants, les Caisses d'épargne doivent, s'il y a lieu, n'opérer le remboursement que dans les conditions déterminées pour ne pas s'exposer à payer une seconde fois, ou bien n'ouvrir au nom des ayants-droit, s'ils le demandent, des livrets nouveaux qu'avec mention desdites conditions imposées pour le remboursement.

158. Pour les successions gérées provisoirement par un administrateur judiciaire, les noms, prénoms et qualités des héritiers ou légataires sont indiqués dans le corps de l'acte, mais ne sont pas rappelés dans la certification qui mentionne les noms et prénoms de l'administrateur avec les pouvoirs qui lui ont été conférés relativement au remboursement des fonds.

159. Lorsque dans un partage de succession une partie des fonds forme l'objet d'un prélèvement pour l'acquit du passif avec pouvoir à l'un des héritiers ou à un tiers d'en faire le retrait, le notaire peut se borner à certifier que la partie des fonds affectée à l'acquit du passif dépend de la succession de M..., et que M... a qualité pour en obtenir le remboursement.

160. Les rectifications concernant les erreurs de noms et prénoms des titulaires peuvent être faites dans un certificat de propriété, en visant seulement la minute d'un acte de notoriété, sans qu'il soit besoin d'y relater l'annexe des actes de l'état civil. Cette annexe n'est nécessaire que dans le cas où l'acte de notoriété est produit isolément, et encore elle n'est pas exigée pour une simple interversion de prénoms ni pour une légère différence dans l'orthographe du nom.

161. Deux notaires exerçant dans le même ressort peuvent concourir à la rédaction d'un seul et même certificat de propriété. Dans ce cas, leur certification est collective ; elle ne doit pas être suivie de l'expression restrictive : *chacun en ce qui le concerne.*

162. Les certificats de propriété doivent être produits en originaux et non en expédition, même lorsqu'ils sont délivrés à l'étranger.

163. Les certificats de propriété peuvent contenir pouvoir donné par tous les ayants droit à l'un ou à plusieurs d'entre eux de faire l'opération en leur nom et pour leur compte, par exemple, pour un livret de Caisse d'épargne, d'en effectuer le retrait. (Circ. min. 23 janvier 1900, titre 1er, 3°.)

164. Les héritiers du titulaire d'un livret inférieur à 150 francs pourront être admis à justifier de leurs droits au moyen d'un simple certificat de propriété délivré par le maire de la résidence du défunt.

Les Caisses ont le droit de refuser ces certificats si la sauvegarde de leur responsabilité paraît le commander. Les déposants ne peuvent pas les leur imposer.

165. Elles sont autorisées à payer les successions inférieures à 50 francs, sur la production des pièces ordinaires, entre les mains de celui des ayants droit qui en fait la demande, à la condition qu'il consente à donner acquit en se portant fort pour ses co-héritiers. La quittance doit être libellée en conséquence.

Les Caisses sont libres de ne pas user de cette faculté qui leur est accordée. (Circ. min. 23 janvier 1900, titre 2°, 2°.)

166. Propriété des fonds déposés. — Le deuxième paragraphe de l'article 16 de la loi de 1895 tranche la question de propriété des fonds déposés et l'attribue au titulaire du livret. Par suite, aucun livret de mineur ne devra figurer dans un inventaire ou dans une liquidation de succession ou de communauté dont les certificats de propriété contiennent l'analyse. (N° 37 Instr. 1895.)

167. Payement selon les énonciations du certificat de propriété. — Si le certificat de propriété produit par les héritiers ou ayants droit du déposant décédé détermine d'une manière divise la quote part revenant à chacun des ayants droit, les Caisses procéderont à la répartition des fonds suivant les droits de chacun, si ceux-ci le requièrent, mais elles devront faire signer une quittance distincte par chaque partie prenante.

Ce mode d'opérer sera encore employé toutes les fois que le certificat fixera spécialement les droits de chacun, alors même que les intéressés ne l'auraient pas expressément demandé, pourvu qu'ils n'aient pas déclaré s'y opposer et préférer un remboursement fait à tous ou à l'un d'eux constitué leur mandataire.

168. Si, au contraire, le certificat ne fixe pas les droits de chacun d'une manière spéciale ou s'il stipule que le payement aura lieu conjointement et indivisément, les Caisses ne peuvent opérer le partage et doivent payer sur une quittance collective signée de tous les héritiers, sans exception.

Pour plus de simplicité, il serait possible d'inviter les ayants droit à constituer un mandataire unique chargé de signer la quittance et de recevoir les fonds.

169. Si un ou plusieurs des cohéritiers forment des demandes spéciales, le payement, dans ce second cas, ne serait effectué qu'après accord entre tous les intéressés ou règlement des droits de chacun. (N° 38 Instr. 1893.)

170. Justifications produites. Il convient, autant que possible, d'annexer à la quittance les pièces produites pour justifier de la qualité des héritiers, donataires, légataires ou autres ayants droit ; il est fait, en outre, au dos de la quittance même, un extrait succinct de ces pièces. (N° 36 Instr. 1857.)

171. Remarques générales sur les justifications à exiger pour les remboursements. — En général, dans l'appréciation des pièces justificatives et des différents actes établissant les qualités des ayants droit, les Caisses continueront à concilier la sécurité de l'établissement qui ne doit pas s'exposer à payer deux fois, avec l'intérêt des parties, à qui il convient d'épargner des frais hors de proportion avec les sommes à toucher. (Voir les n°s 164 et 165.) (N° 37 Instr. 1857.)

172. Successions en déshérence. — Quand l'Administration des domaines, appelée à recueillir une succession à titre de déshérence, se présente pour recevoir le montant d'un livret ayant appartenu à un déposant décédé *ab intestat* et sans avoir laissé d'héritiers connus, elle doit justifier de l'accomplissement des formalités prescrites par les articles 768 à 773 du code civil. (En ce qui concerne les comptes prescrits, voir le n° 551). (N° 38 Instr. 1857.)

173. Nota. — Une succession est en déshérence lorsqu'il est constant que le défunt n'a laissé pour la recueillir ni héritier testamentaire, ni parents connus au degré successible, et qu'en outre l'envoi en possession n'est réclamé par aucun héritier irrégulier, c'est-à-dire ni par un enfant naturel, ni par le conjoint survivant du défunt. Dans ces conditions, aux termes de l'article 723 du code civil, la succession est dévolue à l'Etat. Les héritiers qui, à l'origine, ne se sont pas révélés, peuvent par la suite exercer utilement, pendant trente ans, leur action en pétition d'hérédité contre l'Administration des domaines.

ACHATS DE RENTES.

RÉCEPTION DES INSCRIPTIONS. — LEUR COMPTABILITÉ. — PERCEPTION DES ARRÉRAGES. — INSCRIPTIONS IMMATRICULÉES APRÈS LE DÉTACHEMENT DU COUPON. — REMISE DES INSCRIPTIONS EN CAS DE DÉCÈS. — RENOUVELLEMENTS. — RECTIFICATIONS.

174. Toute Caisse d'épargne sert d'intermédiaire à ses déposants pour l'achat ou la vente des rentes. L'acquisition est faite gratuitement.

La Caisse reste ensuite dépositaire des titres achetés par ses soins, tant que les ayants droit n'en réclament pas la délivrance ou ne les ont pas fait vendre. (N° 57 Instr. 8 janvier 1897 partie.)

175. Conditions applicables à tous les achats de rentes. — Achats de rentes pour le compte des déposants. — Les achats ne peuvent avoir lieu qu'au cours de la Bourse du jour ; les cours fixés d'avance ne sont pas acceptés.

La rente pourra être attribuée au déposant au cours moyen du jour de l'opération, par un prélèvement sur le portefeuille représentant les fonds des Caisses d'épargne.

176. Les inscriptions doivent toujours être nominatives. Il ne peut être employé en rentes, au nom d'un déposant, en une même fois, une somme supérieure au maximum légal, augmenté des intérêts échus.

Toutefois, les sommes de plusieurs livrets appartenant aux divers membres d'une même famille (époux et enfants mineurs) peuvent être converties en une seule inscription de rente au nom de l'un d'eux. Les bordereaux (modèle n° 22) doivent faire mention de cette circonstance.

177. Les Caisses ont la faculté d'acheter pour les déposants des titres de rentes de moins de 10 francs, mais elles ne sont pas obligées de se prêter à ces achats s'ils sont trop fréquents. (Voir le 1er alinéa du n° 179.)

Elles ne peuvent se refuser à acheter les titres de rentes supérieurs à 10 francs.

Il leur est interdit d'acheter des inscriptions mixtes. (N°s 48 Instr. 1857 et 1 Instr. 1895.)

178. Achats de rentes en fin d'année. — Ces rentes ne seront achetées et comprises dans l'exercice en cours qu'autant que les demandes auront été transmises au préposé de la Caisse des dépôts le 19 décembre au plus tard. (Circ. min. 24 janvier 1897.)

179. Demandes d'achats de rentes. — Les demandes d'achats de rentes ne sont admises — actuellement — que pour les valeurs de 3 0/0 et de 3 0/0 amortissable ; pour ce dernier type, par multiple de quinze francs de rente.

Il faut observer, à l'égard du déposant ou de son représentant, pour les demandes d'achats de rentes, les mêmes formalités que pour les demandes de remboursement.

La demande (modèle n° 19) porte le numéro du livret, la demeure actuelle du déposant, son domicile au moment du premier dépôt et le chiffre de rente qu'il réclame. On lui fait apposer, comme pour une demande de remboursement, sa signature au bas de la demande d'achat, afin de la vérifier sur le registre matricule.

On remet en échange du livret un bulletin (modèle n° 20), et l'on porte sur le bordereau de demandes d'achats de rentes (modèle n° 21) le numéro du livret, le nom du titulaire et le montant de la rente demandée. Comme en matière de remboursement, le livret est mis d'accord avec le compte courant. (N° 41 Instr. 1857.)

180. Bordereaux de demandes d'achats. — Importance des renseignements qu'ils doivent contenir. — Leur vérification par le Trésorier-Payeur général. — Les demandes d'achat sont portées par les Caisses sur un bordereau distinct par nature de rente et établi en double expédition (modèle n° 22).

Ces bordereaux doivent être arrêtés et signés par les Administrateurs de service et adressés au préposé de la Caisse des dépôts qui a reçu leurs placements. Le préposé les vise pour constater l'existence de fonds suffisants au crédit du compte de l'établissement et les fait parvenir au Trésorier-Payeur général.

Afin d'éviter tout retard dans l'achat, il importe, dans l'intérêt des déposants, que le Trésorier-Payeur général s'assure de la régularité des indications portées sur les bordereaux. Il en envoie ensuite une expédition pour exécution à la Direction générale et conserve l'autre pour en comparer, plus tard, les indications avec les inscriptions achetées.

181. Ces bordereaux doivent être conformes, tant par la contexture que par le format, au modèle annexé à la Circulaire ministérielle du 17 septembre 1889.

On doit y indiquer *très lisiblement* :

1° Le montant de la rente à acheter ;

2° Les nom et prénoms qui doivent être inscrits sur les titres de rentes ;

3° Tous les renseignements indispensables propres à établir les qualités civiles des titulaires et qui doivent servir à l'immatricule des rentes au Grand-Livre. (Voir les n°s 187 à 189.) (N°s 42, 43, 46 et 47 Instr. 1857, Circ. min. 17 septembre 1889.)

	Situation civile des déposants	Libellé de l'immatriculation
182	MAJEURS	
	Homme	majeur.
	Femme non mariée..................	fille majeure.
	Femme mariée......................	femme de (prénoms (1) et nom du mari).

(1) Les prénoms doivent être mis avant le nom.

Femme veuve......................	veuve de (prénoms (1) et nom du mari).
Femme veuve remariée.............	veuve de (prénoms (1) et nom du premier mari) et femme de (prénoms (1) et nom du second mari.
Femme divorcée...................	femme divorcée
Femme séparée de corps et de biens	femme de (prénoms (1) et nom du mari) séparée de corps et de biens en vertu d'un jugement du tribunal de... (ou d'un arrêt de la cour de...) en date du...
Femme séparée de biens seulement:	
1° par contrat de mariage.........	femme de (prénoms (1) et nom du mari) séparée de biens en vertu d'un contrat de mariage passé devant M°... (nom) notaire à... en date du...
2° par jugement ou arrêt..........	femme de (prénoms (1) et nom du mari) séparée de biens en vertu d'un jugement du tribunal de... (ou d'un arrêt de la cour de...) en date du...
183. MINEURS	
Ayant son père et sa mère...........	mineur sous l'administration légale de son père (prénoms (1) et nom du père).
Orphelin de père..................	mineur sous la tutelle légale de sa mère (prénoms (1) et nom de famille de la mère) veuve de (prénoms (1) et nom du père).
Orphelin de mère..................	mineur sous la tutelle légale de son père (prénoms (1) et nom du père).
Père décédé et mère remariée.......	mineur sous la tutelle de sa mère (prénoms (1) et nom de famille) veuve en 1res noces de (prénoms) (1) et nom du premier mari) et femme en secondes noces de (prénoms (1) et nom du second mari) co-tuteur.
Orphelin de père et de mère.........	mineur sous la tutelle de (prénoms (1) et nom du tuteur). Délibération du conseil de famille en date du... (Voir le nota du n° 37.)
Enfant naturel reconnu par la mère...	mineur, enfant naturel reconnu, sous la tutelle de sa mère (prénoms (1) et nom) fille majeure.
Enfant naturel reconnu par le père....	mineur, enfant naturel reconnu, sous la tutelle de son père (prénoms (1) et nom).
Enfant naturel non reconnu..........	mineur sous la tutelle de (prénoms (1) et nom du tuteur. Délibération du conseil de famille en date du...
Mineur émancipé..................	mineur émancipé sous la curatelle de (prénoms (1) et nom du curateur). Délibération du conseil de famille en date du...
184. Mineur. Remboursement différé à la majorité ou au mariage...........	Indication des cas ci-dessus. Ajouter : « la présente rente, provenant de dons versés à la Caisse d'épargne pour le compte du titulaire, ne sera aliénable qu'à partir du jour de sa majorité ou (selon le cas) qu'après la célébration du mariage ».
185. Majeurs interdits..................	S'il s'agit d'une femme, fille majeure, ou femme de... ou veuve de... ou femme divorcée, etc., reproduire les indications correspondantes. Mention à ajouter : « interdit par jugement du tribunal civil de... en date du... sous la tutelle de... » (prénoms (1) et nom du tuteur).
186. Majeurs aliénés non interdits.......	S'il s'agit d'une femme, fille majeure, ou femme de... ou veuve de... ou femme divorcée etc., reproduire les indications correspondantes. Mention à ajouter : « aliéné non interdit sous la tutelle de la commission de surveillance de l'asile d'aliénés de... » (indiquer le lieu).

(*Extrait du* Journal des Caisses d'épargne, *de M. E. Laurent, année 1901*).

(1) Les prénoms doivent être mis avant le nom.

187. Lorsque les Caisses seront dans l'impossibilité de donner les renseignements nécessaires, notamment pour les femmes mariées et les mineurs agissant seuls, elles porteront sur le bordereau, à la suite des nom et prénoms du titulaire et de sa qualité de femme mariée ou de mineur : *sans tutelle connue*, ou bien : *sans autre qualité civile indiquée*, selon le cas.

188. Afin d'éviter, dans la mesure du possible, aux titulaires des rentes, au cas où ils voudraient les vendre, les difficultés qui pouraient résulter de ce libellé spécial, il conviendra, si l'achat de rente est volontaire, de réclamer au déposant des renseignements complémentaires.

189. Si l'achat est fait d'office, les Caisses insèreront dans la lettre recommandée qu'elles doivent adresser aux déposants pour les mettre en demeure de réduire leur compte, une mention spéciale à cet effet, de telle sorte que ceux-ci ne puissent s'en prendre qu'à eux-mêmes des difficultés qu'ils seraient exposés à rencontrer. (N° 2 Instr. 1895.)

190. Achats demandés au nom des sociétés de secours mutuels. — Les demandes doivent être accompagnées, la première fois, d'un exemplaire du réglement constitutif, certifié par le maire.

Pour les demandes subséquentes, il suffit d'indiquer sur les bordereaux la date du premier achat et le numéro du transfert effectué par la dette inscrite. (N° 44 Instr. 1857.)

191. Achats demandés au nom des sociétés religieuses. — Le transfert des rentes à leur nom est opéré moyennant l'envoi d'une copie certifiée du décret ou de l'arrêté autorisant l'emploi des fonds. (En cas d'achat effectué d'office, voir le n° 290). (N° 45 Instr. 1857.)

192. Remise aux Caisses et aux déposants des inscriptions de rentes. — Dès qu'elles lui sont livrées, le Trésorier-Payeur général transmet les inscriptions aux Caisses avec le double du bordereau qu'il a conservé. Il y joint, pour chaque titre, un bulletin individuel énonçant le prix d'achat dûment certifié.

193. Le Caissier donne un reçu séparé (modèle n° 23) pour chaque nature de rente, et une quittance de remboursement par la Caisse des dépôts, de somme égale au coût des rentes délivrées (modèle n° 24).

194. Il retire lui-même du déposant, en échange de l'inscription, un reçu (modèle 25). Ce récépissé mentionne la quotité et le coût de la rente achetée, ainsi que le numéro de l'inscription.

195. *Les inscriptions une fois restituées, ne peuvent plus être reçues en dépôt par les Caisses.* (N° 49 et n° 92 (partie) Instr. 1857).

196. Formalités relatives aux inscriptions. — Le timbre de la Caisse est appliqué, à son arrivée, sur chaque inscription de rente achetée sur demande ou d'office ou reçue par transfert d'une autre Caisse — ou de la Caisse nationale, — et le numéro du livret auquel elle appartient est inscrit en marge.

Le classement des inscriptions dans le portefeuille se fait dans l'ordre numérique des livrets. (N° 92 (partie) Instr. 1857).

197. Inscription du coût des rentes sur le compte courant et sur le livret. — Dates de valeur des achats vis-à-vis du déposant et de la Caisse des dépôts. — Les achats de rentes constituant de véritables remboursements, le coût de chaque rente doit être porté tant au compte courant que sur le livret, comme le serait un remboursement ordinaire et valeur du 1er ou du 16 précédant la date de l'opération.

198. Les intérêts sur les sommes converties en rentes seront arrêtés à la date du jour de l'opération par la Caisse des dépôts. (N° 50 Instr. 1857, et Circ. min. 17 septembre 1889.)

199. — Arrérages de rentes que les Caisses peuvent recevoir. — Perception de ces arrérages et inscription sur les comptes et sur les livrets. — Les Caisses ne reçoivent pas d'autres arrérages que ceux des rentes qui ont été acquises par leur intermédiaire et dont les inscriptions ont été laissées dans leur portefeuille ou y sont entrées par transferts reçus soit d'une autre Caisse, soit de la Caisse nationale.

La perception de ces arrérages nécessite, à l'approche de chaque trimestre, le classement dans l'ordre du Grand-Livre de la dette inscrite, des inscriptions restées en portefeuille.

Les arrérages perçus sont l'objet d'une opération distincte, tant sur les comptes individuels que sur les livrets. Ainsi qu'il l'a été dit au n° 80, il n'est pas nécessaire de faire produire ces derniers à chaque trimestre, les sommes encaissées y sont inscrites lors de la plus prochaine présentation. (Voir le n° 659.) (Nos 52 et 94 Instr. 1857.)

200. — Payement par la Caisse des dépôts des arrérages des inscriptions de rentes immatriculées après le détachement du coupon. — Lorsque des rentes achetées avant le détachement du coupon ne sont immatriculées qu'avec jouissance du trimestre suivant, la Direction générale de la Caisse des dépôts encaisse, à l'échéance, le montant du coupon et le fait remettre à la Caisse d'épargne chargée de désintéresser les ayants-droit.

Le payement de la somme lui revenant est effectué entre les mains du Caissier, sur sa quittance visée par les Administrateurs de service.

Une seule quittance suffit pour toutes les sommes comprises dans le même avis de débit (avis concernant le Trésorier-Payeur général) et revenant à des déposants d'une même Caisse d'épargne. (Instr. Caisse des dépôts du 31 janvier 1878.)

201. — Remise de l'inscription en cas de décès du titulaire. — Interdiction d'admettre les demandes d'immatriculation nouvelle. — En cas de décès du titulaire, l'inscription est remise aux héritiers ou ayants droit, dès que ceux-ci ont fait reconnaître leurs qualités par la production d'un certificat de propriété et qu'ils ont réglé le compte en numéraire de leur auteur avec la Caisse. (Voir le n° 123.)

La signature d'une quittance collective ou la constitution d'un mandataire par tous les ayants droit indiqués par le certificat est la seule manière d'opérer pour obtenir le retrait de l'inscription; les Caisses n'ont pas, en effet, qualité pour faire changer l'immatricule du titre. Ce sera aux héritiers ou ayants droit à se pourvoir ultérieurement devant le bureau des transferts, afin de faire opérer le changement ou, s'il y a lieu, la division de l'inscription de rente. (N° 53 et n° 92 (partie) Instr. 1857; n° 38 Instr. 1893.)

202. — Renouvellement des inscriptions de rente épuisées lorsqu'elles sont laissées en dépôt aux Caisses. — Un certificat de vie n'est pas nécessaire pour le renouvellement des inscriptions de rente épuisées. Il suffit d'une demande signée du Caissier ou d'un Administrateur constatant qu'il agit en conformité de la loi du 20 juillet 1895. Ces signatures ne sont pas soumises à la légalisation.

203. En exigeant un certificat de vie, les Caisses commettraient une erreur susceptible d'entraîner dans certains cas des retards considérables et, par suite, une perte pour les intéressés, de nature à engager la responsabilité de l'établissement, si la prescription quinquennale venait à être appliquée aux arrérages de ces titres. (N° 41 Instr. 1893; Circ. min. 4 janvier 1901.)

204. — Nature des inscriptions dont les Caisses peuvent être dépositaires. — Comptabilité spéciale. — Une comptabilité spéciale doit être tenue par les Caisses en ce qui concerne les inscriptions de rentes achetées par leur intermédiaire pour le compte des déposants. Elles ne peuvent être dépositaires que des inscriptions de rentes provenant :

1° Des achats volontaires opérés conformément aux articles 5 de la loi du 30 juin 1851 et 2 de la loi du 20 juillet 1895;

2° Des achats opérés d'office en exécution des articles 2 de la loi du 30 juin 1851 et 9 de la loi du 9 avril 1881 ;

3° Des achats opérés d'office en exécution de l'article 4 de la loi du 20 juillet 1895. (Voir le n° 199 relatif à l'encaissement des arrérages.)

205. Ces inscriptions peuvent être transférées de Caisse à Caisse et sur la Caisse nationale d'épargne, à la demande des déposants, comme et avec les comptes en espèces de leurs titulaires. (N° 90 Instr. 1857 ; Circ. min. 22 juillet 1903.)

206. Registre relatif à ces inscriptions. — Un livre spécial (modèle n° 53) pour l'enregistrement des inscriptions doit être tenu. Il est divisé en sections correspondant aux catégories d'inscriptions achetées soit volontairement, soit d'office, et à celles reçues par transferts, à quelque catégorie qu'elles appartiennent. (N° 91 Instr. 1857.)

207. Constatation de l'entrée et de la sortie des inscriptions. — L'entrée et la sortie des inscriptions de rentes sont constatées de la manière suivante : sur l'un des côtés du registre sont portés, dans des colonnes distinctes, le numéro du livret, le nom du déposant, le numéro, la série ou la section, de l'inscription et le montant de la rente. Deux dernières colonnes sont destinées : 1° au numéro d'ordre donné à l'entrée, et 2° au numéro d'ordre donné à la sortie.

208. La seconde partie, celle de la sortie des inscriptions, reproduit exactement les renseignements ci-dessus indiqués, sauf en ce qui concerne les deux dernières colonnes : la première indique le numéro d'ordre de la sortie, et la seconde le numéro d'ordre qui avait été donné à l'entrée. (N° 93 Instr. 1857).

209. Demande en rectification d'une inscription de rente. — Lorsqu'une erreur est reconnue dans un achat de rente effectué par l'entremise de la Caisse des dépôts, la rectification a lieu par ses soins, sur la demande de la Caisse d'épargne, et le nouveau titre ou l'ancien titre rectifié est renvoyé au Caissier sous le couvert du Directeur général par l'intermédiaire du Trésorier-Payeur général.

Si l'erreur provient d'indications défectueuses portées sur le bordereau, il est nécessaire de joindre à la demande de rectification un certificat signé par les Administrateurs, et légalisé, constatant ce fait.

S'il s'agit de rentes achetées dans un exercice clos, ce certificat doit être délivré sur papier timbré. (N° 42 Instr. de la Caisse des dépôts du 15 janvier 1878.)

CAISSE NATIONALE DES RETRAITES POUR LA VIEILLESSE

210. La Caisse nationale des retraites est actuellement réglée par la loi du 20 juillet 1886, le décret du 28 décembre suivant et la loi du 9 avril 1898, qui ont abrogé les dispositions antérieures.

En exécution de l'article 27 de la loi de 1886, une Instruction pratique, rédigée par l'Administration et contenant des extraits des tarifs en vigueur, est à la fois affichée et *distribuée gratuitement* sous forme de notice chez tous les comptables chargés de recevoir les versements, ainsi que dans les mairies et les écoles publiques.

Il sera donc facile aux Caissiers intéressés de consulter cette Instruction détaillée ; ils y trouveront les renseignements qu'il leur est indispensable de connaître, notamment aux chapitres VI et VII.

211. Les Caisses sont aptes à servir d'intermédiaire entre leurs déposants et la Caisse des retraites, mais à titre de mandataires de leurs propres déposants. Elles ne peuvent donc prêter leurs bons offices pour verser à la Caisse des retraites que pour les sommes qu'elles ont prises en charge *dans les formes et sous les conditions qui leur sont imposées pour la réception de tout dépôt.*

Elles doivent satisfaire à la demande des déposants qui requièrent le versement à la Caisse des retraites de la totalité ou d'une partie des sommes portées à leur compte, mais jusqu'à concurrence de 500 francs annuellement pour chaque personne. (N° 54 Instr. 1857.)

212. L'intérêt de tout versement effectué à la Caisse des retraites n'est compté qu'à partir du premier jour du trimestre qui suit la date du versement. (N° 26 Instr. Caisse des dépôts.)

Nota. — Ces trimestres commençant les 1er janvier, 1er avril, 1er juillet et 1er octobre, il semble que, dans son intérêt, le déposant ne devrait utilement formuler sa demande de versement immédiat que dans la première dizaine des mois de mars, juin, septembre et décembre, afin que ce versement puisse être effectué à la Caisse des retraites au commencement de la troisième dizaine desdits mois, après l'examen des pièces prévu au n° 221.

C'est, comme il est prescrit, entre le 10 et le 20 du dernier mois de chaque trimestre que seraient arrêtés les bordereaux relatifs aux versements différés prévus aux nos 58 et 61 de l'Instruction de 1857, de manière que les versements des deux catégories soient effectués le 21 pour être productifs d'intérêts à partir du 1er du mois suivant.

213. Premier versement. — Tout déposant qui demande à verser pour la première fois à la Caisse des retraites doit signer une déclaration conforme à l'un des modèles déterminés à cet effet par la Caisse des dépôts (modèle n° 1). Les pièces justificatives : acte de naissance, extraits d'actes ou de jugements, etc., doivent y être annexées. (N° 55 Instr. 1857.)

214. Versements subséquents. — Les versements subséquents se font sur la seule production du livret de la Caisse des retraites, à moins qu'il ne soit survenu quelque changement dans l'état civil du déposant, ou dans ses intentions relativement à l'abandon ou à la réserve de son capital et à l'époque d'entrée en jouissance de sa rente viagère ; tout changement, en ce qui concerne ces différents points, doit être constaté par une nouvelle déclaration accompagnée, s'il y a lieu, de pièces à l'appui. (N° 56 Instr. 1857.)

215. Demandes de versements. — Les demandes de versements ne sont reçues qu'en séance publique. Elles donnent lieu, en règle générale, aux mêmes formalités que les demandes de remboursements ordinaires.

Le déposant ou son représentant souscrit une demande (modèle n° 27) qui porte le numéro du livret de la Caisse d'épargne, la demeure actuelle du déposant, son domicile au moment du premier dépôt, l'indication de la somme à verser à la Caisse des retraites et l'indication du nombre et de la nature des pièces jointes. (N° 57 Instr. 1857.)

216. Versements immédiats. — Versements différés. — La demande indique si le versement à la Caisse des retraites doit être immédiat ou différé.

Il doit toujours être immédiat lorsqu'il s'agit d'un premier versement.

Les versements subséquents peuvent être différés, à la volonté des déposants, mais seulement jusqu'à la fin du trimestre dans le cours duquel la demande en a été présentée, c'est-à-dire jusqu'à l'issue de la séance qui précède immédiatement le quinzième jour du dernier mois du trimestre. Ainsi, les demandes de versements différés sont assimilées, pour leur effet, à des demandes de versements immédiats faites dans cette séance. Les séances postérieures à celle-ci, s'il y en a, sont réputées, pour la réception des demandes de versements différés, appartenir au trimestre suivant. (Voir le n° 212.)

Si les déposants ont à faire une déclaration (voir le n° 214) susceptible de régir leur versement différé, ils doivent la remettre à la Caisse d'épargne, soit avec leur demande, soit avant la clôture de la séance qui précède immédiatement le quinzième jour du dernier mois du trimestre. (N° 58 Instr. 1857.)

217. Bulletin et récépissé à délivrer au déposant. — On remet en échange du livret et des pièces qui l'accompagnent un bulletin (modèle n° 28). On détache du corps de la déclaration, lorsqu'il en est fait une, un récépissé spécial qui est signé du Directeur de service et du Caissier, et qui est remis au déposant. (N° 59 Instr. 1857.)

218. Bordereau de demandes de versements. — Travail préparatoire. — Relevé des demandes de versements. — On porte sur le bordereau de demandes de versements (modèle n° 29) le numéro du livret de la Caisse d'épargne, le nom du titulaire et le montant de la somme à verser.

Le travail préparatoire et le rapprochement du livret avec le compte particulier se font comme pour les demandes de remboursements. Seulement on dresse, après chaque séance, des relevés distincts pour les demandes de versements immédiats et pour les demandes de versements différés. (N° 60 Instr. 1857.)

219. Bordereaux de versements. — Le Caissier dresse en simple expédition, conformément à l'article 16 du décret du 28 décembre 1886, un ou plusieurs bordereaux — s'il y a lieu — des versements à effectuer à la Caisse des retraites. Ces bordereaux doivent être établis conformément au modèle n° 8 de l'Instruction de la Caisse des dépôts; ils ne doivent pas contenir chacun plus de 100 versements.

Ces bordereaux, en ce qui concerne les versements différés, sont dressés et clos après la séance qui précède immédiatement le quinzième jour du dernier mois de chaque trimestre. (Voir le n° 212). (N° 61 Instr. 1857, modifié implicitement par l'Instr. de la Caisse des dépôts.)

220. Epoque des versements. — Les versements doivent être faits au préposé de la Caisse des dépôts au commencement de la dizaine. (N° 118 Instr. de la Caisse des dépôts.)

221. Examen préalable par le préposé des pièces justificatives. — Le Caissier doit, en outre, quel que soit le comptable qui reçoit le versement, soumettre d'avance à son examen les déclarations et pièces justificatives qu'il aura à produire, afin que le préposé puisse en reconnaître la régularité et que les bordereaux ne contiennent que des versements admissibles. (N° 119 Instr. de la Caisse des dépôts.)

222. Remise aux préposés de la Caisse des dépôts des documents et des fonds. — Retrait par le Caissier des livrets de Caisse de retraites. — Le Caissier remet, avec le — ou les bordereaux — les livrets de la Caisse de retraites, les déclarations et les pièces à l'appui, s'il y a lieu, et les fonds au Receveur des Finances. En cas d'insuffisance des fonds, il remet également une demande de virement (modèle n° 31) destinée à y suppléer, et une quittance de remboursement de somme égale (modèle n° 31). La demande de virement, signée de deux Directeurs, dont un seul pourra être directeur adjoint, équivaut à un versement en espèces fait à la date de sa réception au Receveur des Finances, préposé de la Caisse des dépôts.

223. Le Caissier reçoit dudit préposé un récépissé collectif provisoire qui est échangé ultérieurement contre les livrets sur lesquels les versements individuels ont été inscrits et contrôlés par les soins du comptable qui a reçu le dépôt. (Nos 62 et 63 Instr. 1857, modifiés implicitement par le n° 131 de l'Instr. de la Caisse des dépôts.)

224. Remise des livrets aux titulaires. — Chaque livret de la Caisse de retraites est remis au titulaire, soit en échange du bulletin de dépôt (modèle n° 28), soit sur un récépissé spécial (modèle n° 32) s'il s'agit d'un premier versement fait à la Caisse des retraites. (N° 64 Instr. 1857.)

225. Inscription sur le compte courant et sur le livret de la Caisse d'épargne des versements faits à la Caisse des retraites. — Les versements à la Caisse des retraites constituant de véritables remboursements, seront portés au compte et au livret comme le serait un remboursement ordinaire, valeur du 1er ou du 16 qui aura précédé l'inscription au livret délivré par la Caisse des dépôts. (N° 65 Instr. 1857 et Circ. min. 28 décembre 1881.)

226. Interdiction d'admettre des demandes de versements successifs ou périodiques. — Chaque versement à la Caisse des retraites motivant une demande spéciale (voir les nos 215 et 216), il est interdit aux Caisses de consentir à faire, d'office, des versements successifs ou périodiques pour le compte des déposants qui voudraient les en charger, en vertu d'une déclaration générale. (N° 66 Instr. 1857.)

TRANSFERTS.

227. Les transferts seront toujours opérés par voie de virement de fonds, conformément aux règles qui suivent, qu'ils aient lieu entre Caisses d'épargne du même département ou de départements différents ou entre les Caisses d'épargne ordinaires et la Caisse nationale d'épargne. (§ 19 Instr. 10 mars 1893 ; Circ. min. 22 juillet 1903.)

228. La Caisse expéditrice a le droit de retenir sur la somme transférée les frais de poste et autres qu'elle a pu payer pour le compte du déposant. (Voir les nos 103 et 232[1].)

229. Afin d'éviter aux déposants des frais, des difficultés et des pertes de temps, les Caisses sont invitées à recommander aux intéressés de former la demande de transfert avant de quitter leur domicile ou leur résidence. (Alinéas 2 et 3 du § 7 de l'Instr. du 10 mars 1893.)

229[1]. En outre, et s'il s'agit d'un transfert *entre Caisses d'épargne ordinaires*, elles demanderont expressément au titulaire, lors du dépôt de sa demande, s'il désire que son compte soit ouvert sans retard à la Caisse destinataire. Dans l'affirmative, les Caisses procèderont ainsi qu'il est indiqué aux nos 232[1] et 250[1]. (Circ. min. 20 avril 1905.)

230. Elles devront ajourner au 1er janvier la suite à donner aux transferts qui leur seraient demandés à partir du 20 décembre inclus jusqu'au 31 du même mois (§ 18 Instr. 10 mars 1893.)

230[1]. Par suite, le cas échéant, elles ajourneront à cette même date l'envoi à la Caisse destinataire de la troisième expédition de la demande prévue au n° 232[1]. (Circ. min. 20 avril 1905.)

231. La demande. — Le déposant sachant signer, titulaire d'un livret de Caisse d'épargne ordinaire qui, avant de quitter la localité, désire faire transférer ses fonds sur une Caisse d'épargne ordinaire, doit produire son livret et une demande modèle n° 1 établie en double expédition ; la signature qui y figure doit être légalisée par le maire de la résidence du déposant. Elle est contrôlée avec celle du registre matricule.

232. Si le déposant ne sait pas signer, la demande, du modèle n° 2, est faite par déclaration passée devant le maire de sa résidence, en présence de deux témoins.

232[1]. En principe, la demande est toujours établie en double expédition. Elle doit l'être en triple si le titulaire a répondu affirmativement à la question formulée au n° 229[1]. Dans ce cas, la mention suivante sera inscrite sur la demande : « Fait à... le..., en trois expéditions, dont l'une sera directement adressée à la Caisse d'épargne sur ma demande et à mes frais, conformément à la Circulaire ministérielle du 20 avril 1905. »

233. La demande porte quittance des fonds transférés ; elle ne peut être admise que pour la totalité des fonds déposés, à quelque somme qu'elle s'élève.

234. Il est remis au déposant un récépissé modèle n° 3 si le compte est réglé immédiatement. Dans le cas contraire, il est délivré un simple reçu d'ordre.

235. Si le déposant a quitté la localité, il doit obligatoirement adresser la demande affranchie comme correspondance à la Caisse expéditrice, et joindre son livret.

236. Le déposant peut retirer ses inscriptions de rentes qu'il a laissées en dépôt ou les faire transférer ; dans ce dernier cas, la demande doit expressément en requérir le transfert.

237. Si elles appartiennent à un titulaire décédé, le transfert de ces rentes ne peut être effectué que collectivement pour le compte des héritiers ou ayants droit. (Voir les n°s 123 et 201.)

238. Si le titulaire du compte est mort ou l'a cédé, les héritiers et ayants droit, ou le cessionnaire, doivent établir leurs qualités par la production d'un certificat de propriété et faire mettre le livret à leur nom par la Caisse expéditrice.

239. S'il y a plusieurs héritiers ou ayants droit, il sera, d'après les termes du certificat et suivant leur demande, ou procédé au partage du compte et ouvert à chaque partie prenante un livret pour le montant de son avoir, ou délivré un livret collectif et indivis, au nom de toutes les parties prenantes, comprenant le montant total du compte de leur auteur.

240. Dans le premier cas, il sera fait autant de transferts distincts qu'il y aura de livrets nouveaux et de titulaires qui en feront la demande.

241. Dans le second cas, le transfert exigera le concours de tous les intéressés, lesquels seront naturellement obligés de s'accorder sur la désignation de la Caisse à laquelle le compte sera transféré.

242. Pour les livrets appartenant à des condamnés militaires décédés dans des établissements pénitentiaires, le transfert sera effectué, dans les mêmes conditions, sur la demande et par les soins du Conseil d'administration du corps auquel le titulaire était attaché.

243. La femme non assistée et le mineur agissant seul peuvent faire transférer leur compte si aucune opposition n'a été formée par le mari ou le représentant légal (Voir le n° 307.)

244. La femme séparée de corps et de biens ou de biens seulement, contractuellement ou judiciairement, et qui a produit les justifications exigées aux n°s 33 à 35, peut également obtenir le transfert de ses fonds sans l'autorisation de son mari.

Nota. — Il en est de même pour la femme divorcée qui a justifié de sa situation civile.

245. L'autorisation du mari est nécessaire lorsque le dépôt a eu lieu avec son assistance.

246. Le mineur émancipé peut faire transférer ses fonds sans l'assistance de son curateur.

247. Les demandes concernant les mineurs non émancipés et les interdits sont faites, suivant le cas, par leur père, mère ou tuteur.

248. Lorsqu'il s'agit d'enfants de troupe ou de condamnés militaires présents au corps, ces demandes doivent émaner du Conseil d'administration du régiment ; mais, après l'expiration du service militaire des condamnés, la portion de leur compte dite *fonds particuliers* ne peut plus être l'objet d'un transfert.

249. Les livrets dits *conditionnels,* c'est-à-dire ceux qui, provenant d'une donation faite par un tiers, ont été stipulés remboursables entre les mains des titulaires à une certaine époque, par exemple à leur majorité ou à leur mariage, pourront être transférés.

Mais le transfert ne pourra avoir lieu que s'il a été ordonné par décision de justice ou consenti par toutes les parties contractantes (donateur, titulaire ou son représentant légal), ledit accord étant alors constaté par la signature de tous les intéressés sur la demande de transfert.

CAISSE EXPÉDITRICE

TRANSFERT D'UN LIVRET DE CAISSE D'ÉPARGNE ORDINAIRE SUR UNE CAISSE D'ÉPARGNE ORDINAIRE

250. Au moment d'effectuer le transfert, la Caisse expéditrice régularise le compte si besoin est et le règle intégralement ; les intérêts sont calculés jusqu'au 1er ou au 16 qui *suit* la date de la demande.

C'est à la même date que les intérêts seront arrêtés par la Caisse des dépôts vis-à-vis de la Caisse d'épargne.

Celle-ci établit ensuite les pièces du transfert :

1° Une quittance n° 11 que signent deux Administrateurs et le Caissier.

2° Un récépissé n° 3 que signent un Administrateur et le Caissier. (Ce récépissé est remis au titulaire, s'il est présent, ou lui est adressé à ses frais, affranchi comme correspondance.)

3° Les deux expéditions de la demande que signent, au verso, un Administrateur et le Caissier.

250^{1}. Dans le cas prévu au n° 232^{1}, trois expéditions sont établies. L'une d'elles est adressée directement à la Caisse destinataire, à l'exclusion de toute autre pièce, même s'il y a lieu de transférer des rentes.

251. Si le transfert comprend des inscriptions de rentes, il est dressé, en double expédition, pour chaque nature de rente, un bordereau n° 10 que signent un Administrateur et le Caissier.

252. La Caisse doit indiquer, au verso de chaque expédition de la demande, les renseignements suivants tirés du registre matricule : le numéro du livret transféré, le nom, les prénoms, la profession, l'âge, le lieu et la date de naissance et la demeure du titulaire.

En outre, elle doit énoncer : 1° le montant de la somme transférée (en toutes lettres) ; 2° le montant des versements depuis le 1er janvier (en chiffres) ; 3° les conditions pouvant affecter les livrets et la disponibilité des fonds. (Par ces expressions, il faut entendre les restrictions ou les avantages pouvant résulter, à l'égard de certains déposants, de leur situation particulière (femmes mariées, mineurs, etc.) (Voir les n°s 238 à 248 et, pour les livrets conditionnels, le n° 249) ; 4° le montant, la série, le numéro de la rente annexée au transfert ; 5° la date où ont été bonifiés les intérêts.

253. Pour la Caisse d'épargne de Paris, la quittance n° 11, indiquée au n° 250, est délivrée au nom du Caissier général de la Caisse des dépôts.

REMISE DES PIÈCES COMPOSANT LE TRANSFERT

254. La Caisse expéditrice remet au préposé de la Caisse des dépôts et la Caisse d'épargne de Paris adresse directement au Directeur général :

1° La quittance n° 11 ;

2° Une expédition de la demande (l'autre est conservée par la Caisse avec le livret et, le cas échéant, les pièces justificatives) ;

3° S'il y a lieu, les titres de rente et autant de fois deux bordereaux n° 10 qu'il y a de nature de rente.

255. Si le préposé de la Caisse des dépôts est un Receveur particulier, il remet à la Caisse expéditrice un certificat provisoire (modèle n° 12), et transmet immédiatement les pièces composant le transfert au Trésorier-Payeur général.

256. Le Trésorier-Payeur général fait remettre à la Caisse, par l'intermédiaire du Receveur particulier, en échange du certificat précité, une déclaration (modèle n° 13) constatant la réception de la demande et la suite qui lui a été donnée. Cette pièce constitue, pour la Caisse expéditrice, la décharge définitive en ce qui concerne les fonds.

257. A l'égard de la Caisse d'épargne de Paris, la déclaration est remplacée par un avis qu'elle reçoit de la Direction générale de la Caisse des dépôts, du débit passé à son compte, dans la forme arrêtée de concert avec elle.

258. Si la Caisse est située dans l'arrondissement chef-lieu, le Trésorier-payeur général délivre cette déclaration sans qu'il soit nécessaire de la faire précéder d'un certificat provisoire.

259. Si le transfert comprend des inscriptions de rentes, la Caisse expéditrice reçoit ultérieurement, par les soins de la Caisse des dépôts, un récépissé (modèle n° 15) par nature de rentes, émanant de la Caisse destinataire.

La réception de ce récépissé la libère définitivement des titres dont elle s'est dessaisie.

260. S'il s'agit d'un transfert de Paris ou des colonies, ce récépissé est adressé au Directeur général de la Caisse des dépôts, qui le fait parvenir à la Caisse expéditrice.

TRANSFERT D'UN LIVRET DE CAISSE D'ÉPARGNE ORDINAIRE
SUR LA CAISSE NATIONALE

261. Les n°s 227 à 230 (229^1 et 230^1 exceptés), les n°s 231 à 237, 243 à 249 (232^1 excepté), relatifs à la demande sont applicables à cette catégorie de transfert, sauf que cette demande pourra être également déposée par le titulaire au bureau de poste destinataire.

262. Le Receveur des Postes la fera remettre, avec le livret, à la Caisse expéditrice et recevra, en échange, un reçu à restituer à la Caisse une fois le transfert accompli.

263. Les règles relatives à l'exécution du transfert exposées aux n°s 250 à 258 (sauf le n° 250^1) sont communes au transfert sur la Caisse nationale.

264. Si celui-ci comprend des inscriptions de rentes, la Caisse expéditrice reçoit, à titre de décharge, dans un délai très rapproché et par les soins du préposé de la Caisse des dépôts, un récépissé spécial des titres délivré par le Receveur général des Postes qui a reçu le transfert.

En outre, le récépissé n° 3, dont il est parlé au n° 250, adressé — ou remis — au déposant par la Caisse expéditrice, lui fait retour par l'intermédiaire du Directeur des Postes du département.

264^1. Si le titulaire du compte est décédé, le certificat de propriété produit par les héritiers doit, dans tous les cas, désigner la part du livret attribuée à chaque ayant droit, pour que le livret puisse être liquidé entre ces derniers.

264[2]. Il n'est pas indispensable que la Caisse ouvre matériellement des livrets aux noms des divers héritiers ou légataires ayant concouru à la demande. Il suffira qu'elle énonce, au verso de cette demande, les nom, prénoms et qualités civiles de chaque ayant droit, ainsi que la part lui revenant exprimée, non en parties aliquotes, mais en francs et en centimes.

264[3]. Si le livret est grevé d'usufruit, la Caisse expéditrice devra indiquer, au verso de la demande, les nom et prénoms du nu-propriétaire, ceux de l'usufruitier et le montant de la somme grevée d'usufruit.

264[4]. Si l'un des héritiers refuse ou se trouve dans l'impossibilité de s'associer à la demande de transfert, sa part sera conservée sur un livret ouvert d'office à son nom, et les parts de ses co-héritiers seront transférées dans la forme ci-dessus indiquée.

264[5]. Quel que soit le nombre des parties prenantes, le montant des sommes leur revenant ne fera l'objet que d'un seul transfert global.

264[6]. Ces règles sont applicables dans le cas de transfert d'un compte cédé.

CAISSE DESTINATAIRE.

TRANSFERT PROVENANT D'UNE CAISSE D'ÉPARGNE ORDINAIRE

265. La Caisse destinataire reçoit du préposé de la Caisse des dépôts :

1° Un récépissé de placement ;

2° Une expédition de la demande ;

3° — S'il y a lieu — autant de fois un bordereau n° 10 qu'il y a de nature de rente et, en outre, les inscriptions de rentes.

266. En échange de ces inscriptions, la Caisse délivre au préposé de la Caisse des dépôts le récépissé — un par nature de rente — (modèle n° 15) dont il est parlé au n° 259. Ce récépissé est signé du Président du Conseil des Directeurs, du Directeur de service et du Caissier.

267. La Caisse d'épargne de Paris remet ce récépissé à la Caisse des dépôts.

A L'ÉGARD DU DÉPOSANT

268. A la réception des pièces du transfert, la Caisse ouvre le compte du déposant et prépare son livret, sans attendre son arrivée.

Elle prend en charge les inscriptions de rentes, s'il y en a, et mentionne en tête du livret le nombre, la nature et le montant en rente de ces inscriptions. Cette mention est signée de l'Administrateur de service et du Caissier.

En même temps, la Caisse calcule les intérêts sur le montant du livret à partir de la date de la valeur jusqu'au 31 décembre.

269. Lorsque le déposant se présente, sur l'avis qui lui est donné dans la huitaine après l'arrivée des pièces du transfert, il remet son récépissé (modèle n° 3), donne les renseignements sur son identité et signe au registre matricule.

S'il y a conformité *sur tous les points*, le Caissier délivre le livret ; s'il y a doute, le déposant est tenu de fournir les justifications nécessaires pour établir son droit de propriété ou son identité.

270. S'il s'agit d'un transfert pour la succession d'un déposant décédé, la Caisse doit délivrer un livret collectif au nom des héritiers qui sont mentionnés au verso de la demande.

Elle ne pourrait opérer la division du compte que sur la production d'un certificat de propriété établissant divisément les droits de chacun.

271. Si le montant du compte transféré dépasse le maximum, pour quelque cause que ce soit, la Caisse destinataire invite immédiatement le titulaire à opérer un retrait volontaire. S'il n'est pas fait droit à cette injonction, elle mettra le titulaire en demeure de réduire son compte, dans les formes prescrites par la loi du 9 avril 1881, et, s'il y a lieu, elle lui achètera d'office 20 francs de rente.

271[1]. Si l'expédition de la demande dont il est parlé au n° 250[1] lui est adressée par la Caisse expéditrice, la Caisse destinataire, dès la réception de cette pièce, ouvre le compte du déposant comme il est dit au n° 268 (alinéas 1 et 3). Elle peut procéder au remboursement du compte entre les mains du titulaire sur la production du récépissé n° 3 et des justifications reconnues nécessaires pour établir son droit de propriété ou son identité.

TRANSFERT PROVENANT DE LA CAISSE NATIONALE

272. Les n°s 265 à 269, le n° 271 (270 et 271[1] exceptés) s'appliquent également à cette catégorie de transferts, sauf la partie du n° 269, relative à la remise du récépissé n° 3 par le déposant.

272[1]. S'il s'agit du transfert d'un compte dont le titulaire est décédé, la Caisse destinataire, à la réception des pièces, ouvre un compte distinct à chaque héritier ou légataire.

On appliquera la même règle s'il s'agit du transfert d'un compte cédé.

273. Le récépissé du carnet n° 21 délivré par la Caisse nationale au titulaire lors du dépôt de la demande de transfert et, le cas échéant, le bordereau d'exécution n° 20 relatif à l'achat des titres de rentes transférés, dûment acquitté par le titulaire, seront rendus par la Caisse au Receveur du bureau de poste.

274. Le titulaire d'un livret de la Caisse nationale peut, à son gré, déposer sa demande et son livret soit au guichet d'un bureau de poste, soit à la Caisse d'épargne ordinaire destinataire. Dans ce dernier cas, celle-ci fera remettre au bureau de poste de la localité les deux demandes et le livret ; il lui sera délivré, en échange, un reçu qu'elle rendra au Receveur des postes après exécution du transfert.

Ce reçu remplacera le récépissé n° 21 dont il est parlé au n° 273.

(Interprétation de l'Instruction du 10 mars 1893, des Circ. min. du 22 juillet 1903, du 24 février 1904 et du 20 avril 1905, de la Circulaire de la Caisse des dépôts du 29 septembre 1903 et de l'Instruction du Sous-Secrétaire des Postes du 1er septembre 1903.

RÉDUCTION DES COMPTES.

DÉPASSANT LE MAXIMUM.

275. Dès qu'un compte dépassera, par les versements et la capitalisation des intérêts, le chiffre de 1,500 francs, il en sera donné avis au déposant par lettre chargée.

Si, dans les trois mois qui suivront cet avis, le déposant n'a pas réduit son crédit, il lui sera acheté d'office et sans frais 20 francs de rente sur l'Etat.

Le service des intérêts sur l'excédent sera suspendu à partir de la date de l'avis jusqu'au jour de la réduction du compte (Art. 9 de la loi du 9 avril 1881 ; 1er alinéa de l'art. 4 de la loi du 20 juillet 1895.)

La stricte exécution de cette disposition (l'achat de rente) doit avoir pour résultat de dégager le compte des Caisses de capitaux qui ne sont plus en voie de formation et de convertir en une dette consolidée des sommes remboursables en espèces. Cette disposition, essentiellement impérative, ne comporte pas de dérogation, elle doit être considérée comme étant d'ordre public, et les motifs qui en auraient empêché l'application ne sauraient être qu'exceptionnels. (Circ. min. 2 juin 1892; nº 76 Instr. 8 janvier 1897.)

276. Par suite, *ne sauraient faire obstacle à la réduction du compte par la voie d'un achat de rente effectué d'office* :

1° Le décès d'un déposant et la liquidation de la succession dont les fonds déposés font partie; (Voir le nº 277.)

2° L'impossibilité de retrouver le titulaire à la suite d'un changement de domicile;

3° La faible somme dont le compte dépasse le maximum, fût-elle de quelques francs et même de quelques centimes; (Nº 17 Instr. 1893.)

4° L'opposition formée par le mari ou le représentant légal du mineur sur un livret de femme non assistée ou de mineur agissant seul; (Nº 8 Instr. 1895.)

5° Le dépassement du maximum résultant d'un versement reçu par erreur; — la réduction d'office doit être faite *à toute époque* après que le titulaire a été invité à régulariser sa situation; (Nºˢ 20 Instr. 1893 et 8 Instr. 1895.)

6° Le dépassement du maximum d'un compte reçu par transfert. La réduction s'effectue comme ci-dessus *et à toute époque*; (Instr. 10 mars 1893.)

7° Le dépassement du maximum dû à la coexistence au même nom de deux livrets dont l'un d'eux porte des fonds indisponibles. — Dans ce cas, la réduction est opérée sur le livret non conditionnel. (Nº 24 Instr. 1893.)

TOUTEFOIS,

277. Toute demande de paiement intégral présentée après le décès du titulaire par les ayants droit ajournera *momentanément* la réduction, si le paiement n'a pu avoir lieu faute de justifications suffisantes.

278. Tout compte frappé d'opposition *par un tiers* ne sera pas réduit par un achat de rente d'office, tant que l'opposition n'aura pas reçu de solution ou qu'elle ne sera pas périmée par le délai de cinq ans. (Nº 8 Instr. 1895.)

279. Lettre recommandée. — Avis officieux. — Certaines Caisses préviennent quelquefois les déposants que leur compte dépasse le maximum, par une lettre ordinaire ou une simple note; c'est un usage qui ne saurait être blâmé, puisqu'on évite ainsi des frais inutiles et que ce simple avis suffit parfois pour amener la réduction du compte, mais elles ne peuvent acheter une rente d'office, ou suspendre les intérêts qu'autant qu'une lettre chargée — ou, plus exactement, recommandée — a été expédiée au déposant qui, pour une raison quelconque ne s'est pas conformé au premier avis officieux. Cette lettre doit avertir le déposant que les frais de recommandation seront mis à sa charge. (Nºˢ 17 Instr. 1893 et 42 Instr. 1895.)

280. Suspension des intérêts. — Les intérêts doivent être suspendus sur la partie du compte qui dépasse le maximum, à dater de l'envoi au déposant de la lettre chargée qui le concerne. Le bénéfice produit par cette suppression d'intérêts profitant aux Caisses, c'est une ressource qu'elles doivent utiliser pour accroître leur fortune personnelle.

281. Le 1ᵉʳ janvier, les intérêts dits *anticipés* seront calculés sur le montant intégral du compte de cette date au 31 décembre, puis, après l'envoi de la lettre chargée, on calculera les intérêts dits *rétrogrades* sur la somme excédant 1,500 francs, à partir de cette date jusqu'au 31 décembre.

282. Plus tard, si le déposant se présente pour réduire volontairement son compte au moyen d'un remboursement, les intérêts seront arrêtés au 1er ou au 16 précédant l'opération sur la partie de la somme remboursée comprise dans le maximum de 1,500 francs, l'excédent étant déjà improductif d'intérêts depuis l'envoi de la lettre chargée.

283. Dans le cas où la réduction se ferait d'office par un achat de rente, la Caisse arrêterait les intérêts au 1er ou au 16 précédant le jour de l'opération sur la partie de la somme consacrée à cet achat qui serait comprise dans le maximum de 1,500 francs, le surplus étant déjà improductif d'intérêts depuis l'envoi de la lettre chargée.

284. C'est le 15 mars au plus tard que doivent être adressées les dernières lettres chargées, afin que tous les achats de rentes, qui auront lieu d'office soient terminés le 15 juin.

285. Ces achats sont effectués par la Caisse des dépôts, valeur au jour de l'opération comme ceux qui sont faits à la demande des déposants. C'est à cette date que la Caisse des dépôts arrête les intérêts servis aux Caisses sur le total des sommes ainsi converties en rentes.

286. Les achats qui, par leur arrivée tardive, ne pourraient recevoir leur exécution à la Bourse du 15 juin, seront portés au débit des Caisses, *valeur à cette date*. (Circ. min. 17 septembre 1889 et 25 avril 1890, rappelé par le n° 18 Instr. 1893.)

287. **Bordereau d'achat. — Dispositions relatives à ces achats**. — Les achats de rentes à opérer d'office donnent lieu à l'établissement, en double expédition, d'un bordereau spécial (modèle n° 26.)

Toutes les autres dispositions relatives aux achats de rentes faits à la demande des déposants leur sont applicables.

Aussitôt que la Caisse a reçu les inscriptions de rentes achetées d'office, il en est donné avis, par lettre, aux titulaires ; la lettre d'avis les informe que leurs inscriptions sont à leur disposition, et que, tant qu'ils ne les auront pas retirées, la Caisse en touchera pour eux les arrérages et les portera à leur compte. (N° 51 Instr. 1857, 5e alinéa et 7e.)

288. **Sociétés**. — Les comptes des sociétés admises à ne verser que 1,500 francs seront réduits comme celui d'un simple particulier.

289. Au-delà de 15.000 fr., les comptes des autres sociétés, quelle qu'en soit la nature, seront réduits suivant les règles exposées aux nos 279 à 284, et le montant de la rente achetée d'office sera de cent francs. (Nos 19 Instr. 1893 et 11 Instr. 1895.)

290. **Fabriques d'églises**. — Si le compte d'une fabrique d'église doit être réduit, l'achat de rente est effectué d'office, sur la seule demande de la Caisse d'épargne ; l'arrêté préfectoral, sans lequel le transfert de la rente ne peut être opéré, est ensuite réclamé d'urgence par la fabrique et au besoin par la Caisse elle-même, qui l'adresse au Trésorier-Payeur général, chargé de le faire parvenir à la Caisse des dépôts. (Instr. Caisse des dépôts du 15 janvier 1878.)

RÉGIME SPÉCIAL
POUR LES MINEURS ET LES FEMMES MARIÉÉS AGISSANT SEULS

VERSEMENTS. — REMBOURSEMENTS. — ACHATS ET VENTES DE RENTES. — OPPOSITIONS. — DUPLICATA.

291. D'après l'article 6 de la loi du 9 avril 1881, les femmes mariées, quel que soit le régime de leur contrat de mariage, et les mineurs sont admis à se faire ouvrir des livrets, les mineurs, sans l'intervention de leur représentant légal, et les femmes mariées, sans l'assistance de leur mari.

292. Les dépôts de cette nature pouvant, le cas échéant, donner lieu à des débats judiciaires, il importe qu'aucune confusion ne se produise et que le bénéfice de la loi précitée ne soit pas accordé indifféremment à des femmes mariées ou à des mineurs qui, pour des raisons personnelles, n'ont nul souci d'en profiter.

293. Si la femme en puissance de mari déclare verser sans l'assistance de ce dernier, elle doit en signer la déclaration au registre matricule.

294. Le nom et les prénoms du mari seront consignés au registre matricule, conformément au n° 32.

295. On inscrira sur le livret : femme de M... (nom et prénoms), non assistée de son mari, en exécution de l'article 6 de la loi du 9 avril 1881.

296. Si la femme établit qu'elle est séparée de corps et de biens, ou de biens seulement, on devra le mentionner au registre matricule.

297. Si le versement est fait directement par un mineur non assisté de son représentant légal, le livret devra contenir, outre les indications énoncées aux n°s 37 et 38, la double mention suivante : « 1° Versement direct, en vertu de la loi du 9 avril 1881 ; 2° Aura 16 ans le... »

298. Le mineur devra justifier de son âge par la production d'un extrait sur papier libre de son acte de naissance.

299. Il sera utile, si c'est possible, de spécifier au registre matricule si le mineur est placé sous l'administration légale de son père ou sous une tutelle, et quelle est la nature de cette tutelle. (Circ. min. 28 décembre 1881 ; n°s 25 Instr. 1893 et 19 Instr. 1895.)

300. **Versements ultérieurs et remboursements**. — Les versements ultérieurs seront reçus comme pour tous autres déposants, sur la présentation du livret.

301. Les remboursements seront faits :

Aux mineurs, à partir de l'âge de 16 ans, sauf opposition du représentant légal. Le mineur devra, pour opérer un retrait, justifier de son âge par un extrait sur papier libre de son acte de naissance, si cet acte n'a pas été fourni à l'ouverture du livret. (N° 19 Instr. 1895.)

Aux femmes mariées, dans les mêmes conditions que pour les personnes majeures maîtresses de leurs droits, sauf en cas d'opposition du mari.

302. Bien que les fonds appartiennent au mineur, le père, en tant qu'administrateur légal, pourra opérer des retraits tant que le mineur sera âgé de moins de seize ans ; il devra justifier d'abord de cette qualité par la production de son acte de mariage et de l'acte de naissance de l'enfant, puis, de son identité. Les mêmes droits sont reconnus au tuteur.

303. Si la mort de l'un des époux, en donnant ouverture à la tutelle est susceptible parfois de créer une opposition d'intérêts entre le tuteur et le mineur, il existe un contrôle exercé par le subrogé-tuteur. Il ne semble pas, néanmoins, que la présence de ce dernier soit nécessaire pour que le remboursement soit valablement effectué.

304. Quand le mineur a seize ans révolus, ni le père, ni le tuteur, ne peut plus obtenir le remboursement des fonds. Il leur reste le droit de former opposition.

305. Un mineur de plus de seize ans pourra obtenir un duplicata de son livret, si le père ou le tuteur refuse de s'en dessaisir.

306. Une femme dont le mari est décédé peut obtenir le paiement de ses fonds placés directement, si la Caisse ignore le décès et si nulle opposition ne les frappe ; mais si la Caisse a eu connaissance du décès par une circonstance quelconque, la femme devra justifier de ses droits par la production d'un certificat de propriété.

La Circulaire du 16 mars 1904 relève les difficultés pratiques qu'éprouvent les Caisses à faire la preuve qu'elles ont valablement remboursé entre les mains de la femme, qu'elles ne savaient pas veuve, le montant de son livret.

En attendant la disposition législative éventuelle qui serait nécessaire pour mettre les Caisses à l'abri des difficultés signalées, il leur est recommandé d'être prudentes dans tous les cas de remboursement aux femmes mariées.

Si une circonstance quelconque leur fait présumer le décès du mari, elles ne devront payer qu'après s'être entourées de renseignements précis à cet égard, et, s'il y a doute sérieux, qu'après avoir exigé de la femme la justification de ses droits par la production d'un certificat de propriété.

Les Caisses pourraient presque toujours sauvegarder leur responsabilité en exigeant de toute femme mariée qui demande un remboursement sur un livret ouvert directement, *l'attestation de sa situation sur la quittance, immédiatement au-dessus de sa signature.* (N° 20 Instr. 1895 ; Circ. min. 16 mars 1904.)

307. Achats et ventes de rentes. — Les mineurs et les femmes mariées agissant seuls ont le droit de faire acheter pour leur compte personnel des rentes sur l'Etat. Toutefois *ils ne pourront vendre ou transférer ces rentes*, les femmes mariées, sans l'assistance de leur mari, les mineurs, sans le concours de leur représentant légal ou de leur tuteur.

Que ces inscriptions soient achetées d'office ou à la demande, elles seront libellées conformément aux mentions spéciales apposées sur les livrets. (Voir les n°s 187 à 189 ; Circ. min. 28 décembre 1881.)

308. Formes de l'opposition du représentant légal et du mari. — L'opposition, pour être valable, doit être signifiée à la Caisse dans la forme des actes extrajudiciaires, c'est-à-dire par ministère d'huissier. (N° 21 Instr. 1895. — Voir le nota du n° 323.)

309. Effets de l'opposition. — Toute opposition rend les sommes *indisponibles*, et les Caisses n'ont pas à en apprécier le mérite ou le bien-fondé.

310. Une opposition frappant le livret d'un mineur de plus de seize ans ne donne pas le droit à l'opposant de retirer les fonds. Il sera nécessaire d'attendre la majorité du titulaire, laquelle ne rendra pas l'opposition caduque. Le différend sera alors jugé par qui de droit.

311. Une opposition du mari sur le livret de sa femme tombe de plein droit si le mari vient à décéder, ce décès donnant lieu à une liquidation qui détermine les droits respectifs de l'époux survivant et des héritiers. Il n'est pas besoin, pour payer à la femme la part lui revenant sur les fonds versés par elle, qu'il y ait mainlevée donnée par les héritiers du mari.

312. Mais la femme, quoique prouvant le décès de son mari, ne pourra toucher le montant de ce livret frappé d'opposition qu'en produisant un certificat de propriété, le livret, jusqu'à preuve du contraire, devant être présumé faire partie de la communauté ayant existé entre les époux. (N° 22 Instr. 1895.)

313. Procédure spéciale pour les remboursements en cas d'oppositions faites par les maris. — La Caisse est formellement obligée de prévenir la femme par lettre recommandée que son livret a été frappé d'opposition par son mari.

314. Si, pour une cause quelconque, la Caisse a oublié d'en aviser la femme, celle-ci aura son recours contre la Caisse et pourra se faire payer le montant du livret déjà remboursé au mari.

315. Si, au bout d'un mois de la dénonciation faite par la Caisse, la femme ne s'est pas pourvue contre l'opposition par les voies de droit, le mari pourra toucher seul le montant du livret, si le régime sous lequel il est marié lui en donne le droit.

316. Le remboursement au mari du livret ouvert directement à la femme ne devra être effectué à l'expiration d'un mois, qu'autant qu'il ne sera intervenu aucun acte de la part de cette dernière, ce dont il devra être justifié à la Caisse dans le cas où ledit acte n'aurait pas été fait auprès d'elle et, de plus, sous les conditions suivantes :

317. Le mari sera tenu, en premier lieu, de rapporter le livret de sa femme qu'il se sera fait remettre par les moyens qu'il aura jugés convenables et sans que la Caisse soit intervenue ; d'établir en second lieu son identité et sa qualité de mari de la titulaire ; de justifier du droit qu'il tient du régime matrimonal sous lequel il est marié à obtenir le remboursement du livret et, par suite, qu'il n'est survenu ni séparation de corps ou de biens, ni divorce.

318. Il ne sera pas donné au mari de duplicata du livret, attendu que celui-ci n'est ni perdu, ni adiré, ni volé et qu'il se trouve entre les mains de la femme qui en est la titulaire.

319. Si le divorce, la séparation de corps ou de biens, prévus au n° 317, a eu lieu postérieurement à l'opposition, le paiement sera effectué sur le vu d'un certificat de propriété délivré par un notaire, indiquant auquel des époux le paiement doit être fait, et visant le jugement de séparation ou de divorce et la minute de l'acte de liquidation des reprises, ou les pièces et actes constatant l'exécution de la séparation.

320. Si, au contraire, les faits ci-dessus sont antérieurs à l'opposition, ou si la séparation de biens est contractuelle, la Caisse ne pourra payer qu'à la femme qui devra justifier de sa situation à ce point de vue.

321. La Caisse aura, en outre, à exiger telles autres justifications complémentaires qui lui paraîtraient nécessaires pour la validité du payement à faire au mari. (N° 23 Instr. 1895.)

322. Il paraît équitable, dit le n° 42 de l'Instruction de 1895, de mettre à la charge du déposant les frais de la lettre prévue au n° 313. Cette lettre doit avertir le déposant des frais qui lui incombent.

323. Durée de validité des saisies-arrêts et oppositions de toute nature. — Les saisies-arrêts et les oppositions de *toute nature* ne seront valables que pendant cinq ans à compter de leur date.

Si elles n'ont pas été renouvelées dans l'intervalle, elles seront rayées d'office à l'expiration du délai de cinq ans. (N° 41 Instr. 1895.)

Nota. — L'exploit de saisie-arrêt ou opposition est rédigé en original et en copie ; il est signifié à la personne préposée pour le recevoir (généralement le Caissier), et ne peut l'être un dimanche ou un jour férié qu'en vertu d'une permission du Président du Tribunal.

La copie de l'exploit — conservée par le Caissier — devant être la reproduction exacte et textuelle de l'original, il nous semble utile que ces deux pièces soient collationnées *avant de viser l'original.*

En cas de besoin, le Caissier pourra consulter les articles 63, 561, 564, 565, 569 et 1039 du Code de procédure civile, ainsi que les 9 articles du décret du 18 août 1807 rendu applicable aux Caisses par l'article 11 de la loi du 5 juin 1835.

Quant aux conditions *préalables à tout paiement*, nous nous bornerons à renvoyer aux indications du n° 705 de ce travail, en ce qui concerne les oppositions des *tiers* et, pour celles relatives aux *femmes mariées et mineurs agissant seuls*, aux n°s 310 à 322, 714, 715 et 717.

VENTES DE RENTES

324. Les Caisses sont autorisées à servir d'intermédiaires pour la vente des rentes qu'elles auront fait acheter et conservées en dépôt.

La Caisse chargée d'effectuer une vente fera souscrire par le déposant ou par ses représentants une demande de vente conforme au modèle annexé à l'Instruction. Elle adressera ensuite au préposé de la Caisse des dépôts, en double expédition, un bordereau de demande de vente distinct tant par nature de rente que par nature d'inscription, si les rentes appartiennent à des fonds différents ou si les titres ne sont pas du même type. A ce bordereau, qui devra être du modèle annexé à l'Instruction, seront joints le titre, la procuration du vendeur (voir les n°s 337 et 338), et les autres pièces, s'il y a lieu.

325. La Caisse ayant intérêt à posséder une pièce justifiant la sortie du titre à négocier, pourrait demander au Receveur des finances un reçu provisoire ; cette pièce serait restituée pour annulation par la Caisse après que le montant de la vente aurait été porté au crédit de son compte courant.

Dans le cas où cette demande de récépissé provisoire se heurterait à des difficutés, la Caisse n'aurait qu'à en saisir le Ministère.

326. La vente sera effectuée, comme pour les achats, au cours moyen de la Bourse du jour de l'opération.

Il ne serait pas donné suite aux demandes qui fixeraient un cours à l'avance, ni aux demandes pour lesquelles la remise des fonds serait subordonnée à une condition quelconque d'emploi ou de remploi.

327. Dès que la vente aura été effectuée et son produit versé à la Caisse des dépôts, le montant net sera porté au crédit de la Caisse dans les mêmes conditions que les placements ordinaires « Valeur au dernier jour de la dizaine pendant laquelle la recette aura été constatée dans les écritures des préposés de la Caisse des dépôts. »

328. Lorsque la Caisse aura été avisée de la vente, elle en préviendra le déposant en lui annonçant que le montant de cette vente est à sa disposition et qu'il est porté à un compte spécial et improductif d'intérêts qui lui est ouvert.

329. En cas de retrait immédiat de ses fonds, le déposant devra donner une quittance spéciale du modèle annexé à l'Instruction. (N° 3 Instr. 1895 ; Circ. min. 25 mai 1904.)

330. Carnets de rentes. — Les Caisses ont la faculté de délivrer à ceux de leurs déposants qui le demanderont un carnet de rentes qui leur permettrait de suivre le mouvement de leurs capitaux, tant pour les achats que pour les ventes de rentes.

Chaque opération y serait portée à sa date, avec indication de sa nature, achat ou vente, et du montant en capital de la rente achetée ou de la rente vendue ; elle serait certifiée par les signatures du Caissier et de l'Administrateur de service ou de l'Agent chargé du contrôle de la vente. (N° 4 Instr. 1895.)

331. Compte spécial et sans intérêts provenant de la vente des rentes. — Il ne sera porté au compte spécial et sans intérêts du déposant que le produit net de la vente. (Voir, en ce qui concerne la Caisse, le n° 327.)

332. Les fonds du compte spécial ne pourront être employés de nouveau par le déposant en achats de rente qu'après avoir été préalablement portés à son compte ordinaire au moyen d'un retrait et d'un versement, qui se feront dans les conditions et suivant les règles tracées pour tout versement et remboursement, à moins que le déposant n'ait donné l'ordre, en signant la demande de vente, de porter les fonds devant en provenir à son compte ordinaire, jusqu'à concurrence du maximum de 1,500 francs. (Voir le 2e alinéa du n° 689.)

333. Le compte spécial n'aura pas de maximum. On y portera le produit de la vente à quelque chiffre qu'il s'élève, sauf dans le cas qui précède.

Le montant de ce compte ne sera pas compris dans les sommes qui servent à former le maximum du compte ordinaire et qui le rendrait, le cas échéant, passible de réduction.

Il ne constituera pas davantage le double compte exposant le déposant à une perte des intérêts.

La forme de ce compte spécial est laissée à l'appréciation des Caisses. Il pourra faire l'objet d'un carnet spécial, ou figurer soit sur une feuille de couleur particulière qui serait ajoutée au livret, soit sur l'une des pages même du livret. Chaque opération y sera mentionnée à sa date et sera suivie de la signature du Caissier et de l'Administrateur de service ou de l'agent chargé du contrôle.

334. Le compte spécial sera tenu à part, en capitaux seulement et formera, quand il y aura lieu, une annexe du compte courant.

335. Le solde du compte ordinaire entraînerait également celui du compte spécial.

336. Le montant d'une vente sera simplement *mentionnée* au compte courant du déposant dans la forme suivante : « Le ..... rente vendue pour une somme de ..... (voir le compte spécial) ». (N° 5 Instr. 1895.)

337. La procuration dont le texte est libellé au n° 3 de l'Instruction de 1895 est exempte du timbre et de l'enregistrement, il n'y a pas lieu de la faire viser pour timbre et enregistrer gratis.

Elle doit être notariée et en minute pour les rentes ou fractions de rentes supérieures à 50 francs.

338. Elle peut être donnée en brevet ou même sous seing privé pour les rentes ou fractions de rentes de 50 francs *et au dessous*. Toutefois, les procurations sous seing privé doivent être enregistrées et la signature du mandant légalisée par le Préfet ou le Sous-Préfet, suivant l'arrondissement dans lequel l'acte a été souscrit.

339. Bien que les Caisses ne puissent effectuer de ventes de rentes que pour des personnes ayant la libre disposition de leurs biens, la décision ci-dessous du Ministre des Finances pourrait être utilement portée à la connaissance des déposants, dont plusieurs, le cas échéant, seraient à même d'en bénéficier : lorsqu'une femme mariée, dont la mari a disparu, est titulaire d'une rente qu'elle désire aliéner, il est admis que cette opération peut avoir lieu sur la production du titre et de la grosse d'un jugement rendu sur requête autorisant l'intéressée à vendre, sans le concours de son mari, la rente dont il s'agit. (Circ. min. 15 janvier 1900.)

INTÉRÊTS.

INTÉRÊTS SUR LES OPÉRATIONS. — INTÉRÊTS SERVIS PAR LA CAISSE DES DÉPOTS. — TAUX DE RETENUE SUR CES INTÉRÊTS. — TAUX SERVI AUX DÉPOSANTS. — GRADUATION DU TAUX. — CAPITALISATION DES INTÉRÊTS. — BALANCE DES COMPTES INDIVIDUELS POUR LES CAISSES QUI TIENNENT DES COMPTES DIVISIONNAIRES ET POUR CELLES QUI N'EN TIENNENT PAS. — ÉTABLISSEMENT D'OFFICE DES DOCUMENTS.

340. Calcul des intérêts. — Point de départ et terme des intérêts pour les opérations faites le 1er ou le 16. — Les intérêts sur les versements sont calculés jusqu'à la fin de l'année, sans qu'on ait à se préoccuper des remboursements qui pourraient les interrompre. Ils prennent le nom *d'intérêts anticipés* et partent du 1er ou du 16 qui *suit* le jour du versement.

341. Les intérêts sur les remboursements sont également calculés jusqu'à la fin de l'année, et comme ils réagissent sur les intérêts anticipés, ils sont dénommés *intérêts rétrogrades*. Ils cessent de courir à partir du 1er ou du 16 qui *précède* le jour du remboursement.

342. Il résulte de ce texte qu'il ne faut pas tenir compte du jour où l'opération a été effectuée ; par conséquent, si un versement a lieu le 1er, l'intérêt ne commence à courir qu'à partir du 16, et à partir du 1er du mois suivant, s'il a lieu le 16.

343. De même, si un remboursement a lieu le 1er, l'intérêt doit être arrêté au 16 du mois précédent, et au 1er du mois si le remboursement a été opéré le 16. (N° 77 Instr. 1857, article 3 loi du 9 avril 1881 ; n° 16 Instr. 1893.)

344. Séparation des exercices. — La balance annuelle des intérêts devant s'effectuer sans aucune interruption des opérations ni des écritures courantes, il est nécessaire de séparer le plus promptement possible l'exercice qui vient de finir de celui qui vient de commencer. En conséquence, la clôture de chaque exercice doit être fixée à la veille du dernier dimanche de décembre, de telle sorte que les opérations de ce dimanche et des jours qui suivent jusqu'au premier jour de l'an appartiennent à l'exercice nouveau. (N° 78 Instr. 1857.)

345. Opérations préliminaires à effectuer immédiatement après la fin de l'année. Aussitôt que les dernières opérations de l'année ont été portées aux comptes courants, on inscrit sur tous les comptes ouverts, à la suite des opérations de l'année expirée, le millésime de la nouvelle année, en ayant soin de ménager la place pour la capitalisation des intérêts. De cette manière, chaque compte est en état de recevoir immédiatement les opérations nouvelles. (N° 79 Instr. 1857.)

346. Procédés à employer pour la capitalisation des intérêts. — Pour capitaliser les intérêts, on additionne la colonne des capitaux, celle des intérêts anticipés et celle des intérêts retrogrades ; on soustrait le montant des intérêts du débit de celui du crédit, on inscrit la différence dans la colonne des capitaux, et l'on reporte à nouveau le solde résultant de cette capitalisation. (N° 80 Instr. 1857.)

347. Vérification de la capitalisation des intérêts. — Balance des comptes individuels. — La capitalisation annuelle des intérêts est l'objet de relevés des comptes courants (modèle n° 42). Elle est suivie de la balance des comptes individuels (modèle n° 52). (N°s 81 et 88 Instr. 1857.) A la Circulaire ministérielle du 18 janvier 1900 est joint un modèle de *Balance annuelle des comptes individuels* qui fusionne les n°s 42 et 52 susmentionnés qu'il est destiné à remplacer. Il permet de faire, sur la même formule, la balance des intérêts et celle des capitaux. (Circ. min. 18 janvier 1900.)

348. Afin de vérifier si tous les intérêts anticipés (colonne 17 du nouveau modèle) ont été bien portés sur le solde nouveau de chaque compte pour l'année suivante entière, il faut calculer ce que rapporterait, au taux déterminé, le chiffre de l'addition de chaque page (colonne 16), après en avoir défalqué le montant total des centimes réunis (colonne 19) qui ne produisent point d'intérêts. (N° 81 Instr. 1857.)

349. Ainsi que l'Instruction de 1893 et de 1895, la Circulaire précitée du 18 janvier 1900 insiste sur l'importance de la balance des comptes individuels. CETTE BALANCE, QUI DOIT ÊTRE FAITE CHAQUE ANNÉE, EST IMPOSEE A TOUTES LES CAISSES, QUELLE QUE SOIT LEUR IMPORTANCE. Son total doit concorder avec le solde du compte Déposants ouvert au Grand-Livre, et les divergences qu'il peut parfois faire apparaître indiquent des erreurs volontaires ou involontaires DONT IL EST TOUJOURS INDISPENSABLE D'ÉCLAIRCIR L'ORIGINE.

Il serait utile, ajoute la Circulaire, que dans chaque Caisse, le Conseil des Administrateurs déléguât spécialement à quelques-uns de ses membres le soin de procéder, de concert avec le Contrôleur quand il en existe un, aux vérifications dont il s'agit, au moins par épreuve, et d'en faire ensuite un rapport spécial au Conseil.

350. L'établissement de la balance des comptes individuels doit être terminée au plus tard à la fin de mars.

Dans le cas où les Conseils de Direction rencontreraient, de la part des Caissiers, des difficultés pour établir cette balance, ils n'hésiteront pas à confier ce travail à un comptable spécial et expérimenté, s'ils ne veulent pas s'en charger eux-mêmes. (N°s 81 et 88 (partie) Instr. 1857 ; n°s 9 Instr. 1893 et 36 Instr. 1895 ; Circ. min. 18 janvier 1900.)

351. Balances trimestrielles des comptes individuels par les Caisses qui ne tiennent pas de comptes divisionnaires. — Lorsque, dans les Caisses de faible importance, il n'a pas été jugé nécessaire d'ouvrir les comptes divisionnaires dont il est parlé aux n°s 390 à 395, il convient de dresser, tous les trimestres, la balance des comptes individuels.

Les balances du 2e et du 3e trimestre peuvent ne comprendre que les opérations du trimestre auquel elles s'appliquent ; seulement elles ont chacune pour point de départ les totaux de la balance précédente.

Celle du 4e trimestre doit présenter tous les comptes et être précédée de la capitalisation des intérêts.

Les résultats de la balance des comptes courants doivent, comme il est dit au n° 349, être d'accord avec ceux du compte général des déposants ouvert au Grand-Livre. Il est essentiel de veiller à ce que cet accord existe très exactement. (N° 88 Instr. 1857.)

352. Pour assurer à l'avance l'exactitude de ce travail, il convient de procéder à l'opération suivante :

Après avoir, chaque semaine, reporté avec les intérêts y afférents, aux comptes individuels les sommes reçues et remboursées, le Caissier fait, sur des formules semblables à celle des bordereaux de versement et de remboursement indiqués au n° 389, le dépouillement ou la décomposition de ces mêmes bordereaux, en classant les déposants par séries ou *divisions* de 500 ou de 1.000 numéros d'ordre du livre des comptes courants, et en ne relevant que le nom et le numéro de leur compte ; puis il prend sur ces comptes mêmes les sommes (capitaux et intérêts) qui y ont été reportées.

Si ce report a été fait exactement, l'addition des totaux des diverses séries ou divisions doit nécessairement reproduire les montants des versements, des remboursements et des intérêts portés dans les bordereaux. (N° 89 Instr. 1857.)

353. Bien qu'elle recommande la tenue des comptes divisionnaires, la Circulaire ministérielle du 19 septembre 1903 ajoute : « Les Caisses qui n'en tiendront pas auront à suivre le procédé exposé ci-dessus ou, sauf à en rendre compte au Ministère, *tel autre procédé qui permettrait de connaître exactement et rapidement le montant des intérêts revenant en fin d'année aux déposants.* (Circ. min. 19 septembre 1903.)

354. Etablissement d'office des documents de comptabilité non dressés dans les délais fixés. — L'article 15 de la loi de 1895, donne le droit au Ministre de faire dresser d'office, et aux frais des Caisses, les documents de comptabilité non établis en temps utile.

Ces frais seront imputés sur le compte courant de l'établissement qui les aura motivés, sur l'avis du Ministre du Commerce et par les soins de la Caisse des dépôts

355. Par l'article 4 du décret du 20 septembre 1896, les Receveurs des Finances sont chargés de signaler les retards dans la production de ces documents. (N° 36 Instr. 1895 ; art. 4 du Décret du 20 septembre 1896.)

356. Intérêt servi aux Caisses d'épargne par la Caisse des dépôts et consignations. — L'intérêt à servir aux Caisses d'épargne ordinaires par la Caisse des dépôts et consignations, est déterminé en tenant compte du revenu des valeurs du portefeuille et du compte courant avec le Trésor représentant les fonds provenant des Caisses d'épargne.

Les variations de ce taux d'intérêt auront lieu par fractions indivisibles de 25 centimes pour cent.

Lorsqu'il y aura lieu de modifier le taux, le nouvel intérêt à servir aux Caisses d'épargne sera fixé, avant le 1er novembre, pour l'exercice suivant, par un décret rendu sur la proposition du Ministre du Commerce et du Ministre des Finances, après avis de la Commission de surveillance de la Caisse des dépôts et consignations et de la Commission supérieure instituée par l'article 11 de la présente loi. (Article 5 de la loi du 20 juillet 1895.) (Voir le n° 358.)

Taux actuel. — Le décret du 27 octobre 1895 a fixé cet intérêt à 3,25 0/0 à partir du 1er janvier 1896, il n'a pas été modifié depuis.

357. Retenue sur les intérêts reçus de la Caisse des dépôts. — Taux servi aux déposants. — La retenue faite par les Caisses sur les intérêts reçus de la Caisse des dépôts sera de 25 centimes pour cent au moins et de 50 centimes au plus. (N° 13 Instr. 1895.)

358. A chaque modification du taux de l'intérêt, les Caisses sont invitées à envoyer au Ministère, dans les premiers jours de janvier, une copie de la délibération du Conseil fixant à la fois le taux d'intérêt servi aux déposants et celui de la retenue opérée. (Circ. min. 11 février 1896.)

359. Graduation du taux de l'intérêt. — Les Caisses sont autorisées à favoriser les petits déposants au moyen d'un intérêt gradué ou de primes.

Elles peuvent se mouvoir dans la limite du taux qu'elles ont fixé en accordant, par exemple, 3,25 0/0, ou des primes équivalentes à ce taux, aux titulaires de livrets dont le mouvement en versements et retraits, y compris le solde antérieur, n'aura pas dépassé 500 francs pendant le courant de l'année.

360. Mais elles ne pourront accorder aux autres déposants que 2,25 ou 2,50 0/0, de telle sorte que la moyenne du taux servi égale, suivant les cas, 3 0/0 ou 2,75 0/0.

361. En un mot, la masse des intérêts alloués aux déposants, soit sous la forme ordinaire, soit sous la forme exceptionnelle précitée, ne devra pas excéder le total des intérêts reçus de la Caisse des dépôts, après défalcation de la partie représentant la retenue exercée pour frais de loyer et d'administration, et à l'établissement de la réserve prescrite par l'article 9 de la loi de 1895.

362. Les livrets collectifs des Sociétés de secours mutuels et des institutions spécialement autorisées à déposer aux Caisses jouiront, quel que soit le chiffre de leur dépôt, de l'intérêt accordé à la catégorie des livrets les plus favorisés.

363. Un réglement préparé par les Caisses, fixant le taux des primes ou des intérêts gradués, devra être publié trois mois au moins avant son application et soumis au Ministre qui pourra l'annuler, s'il juge que ce réglement viole la loi. Le Ministre devra statuer dans les 30 jours de la réception de ce document, et sa décision sera susceptible de recours devant le Conseil d'Etat, aux frais de la Caisse intéressée.

De la combinaison entre elles de ces diverses prescriptions, il résulte que la publication du réglement et sa mise en application devront suivre la décision approbative du Ministre ou celle du Conseil d'Etat qui aurait cassé une décision d'annulation.

L'application de ce système d'intérêts gradués et de primes est facultative. Les Caisses sont libres pour la préparation du réglement. (N° 34 Instr. 1895.)

ECRITURES.

LIVRES GÉNÉRAUX ET LIVRES AUXILIAIRES. — MANDATEMENT DES DÉPENSES. — TIMBRE DE QUITTANCE. — FACTURES DES FOURNISSEURS, ETC.

364. Principe général. — Les écritures des Caisses doivent être tenues en partie double. (N° 82 Instr. 1857.)

365. Livre-Journal. — Le Livre-Journal, prescrit par l'article 6 du décret de 1852, doit être conforme au modèle n° 43. Ce livre, qui sert en même temps de livre de Caisse, est destiné à résumer, jour par jour, dans des articles passés à cet effet et recevant une série de numéros d'ordre non interrompue du 1er janvier au 31 décembre, toutes les opérations effectuées pour le compte de la Caisse, savoir : les *versements* des déposants, totalisés à la fin de chaque journée, ainsi que les *remboursements* qui sont faits ; les *placements* de fonds à la Caisse du préposé de la Caisse des dépôts et consignations et les *retraits de ces fonds ;* les *recettes accidentelles ;* les payements pour *frais généraux ;* les *transferts de fonds* faits ou reçus pour le compte des déposants ; l'allocation annuelle des *intérêts dûs à la Caisse* par la Caisse des dépôts ; l'allocation des intérêts dûs aux déposants et portés en compte, soit à l'occasion des remboursements totaux ou des transferts, soit en fin d'année (capitalisation générale). (N° 83 Instr. 1857.)

366. Mandatement des dépenses par le Président ou le Vice-Président du Conseil des Directeurs. — Aucune disposition légale ou réglementaire n'impose cette formalité aux Caisses ; mais les principes d'une sage comptabilité et le contrôle que les Administrateurs sont tenus d'exercer leur font un devoir d'adopter cette règle et d'en exiger l'application de la part des agents de l'établissement. (N° 48 Instr. 1893.)

367. Timbre de quittance. — Factures des fournisseurs. — Les pièces comptables n'ont pas besoin d'être établies sur timbre, mais les Caisses doivent acquitter le timbre de dix centimes sur les factures de leurs fournisseurs, ainsi que sur la quittance de traitement donnée, sur feuille séparée ou sur registre, par leurs employés et agents (Circ. min. 4 août 1900.)

368. Grand-Livre. — Les articles passés au Journal doivent être rapportés sur le Grand-Livre (modèle n° 44), à des comptes ouverts par catégorie d'opérations.

Les principaux comptes à ouvrir au Grand-Livre sont :

Le compte *Fortune personnelle ;*

Le compte *Immeuble ;*

Le compte de *Caisse ;*

Le compte général des *Déposants ;*

Le compte de la *Caisse des dépôts et consignations*,

Le compte des *Frais généraux ;*

Le compte des *Profits et Pertes ;*

Le compte des *Inscriptions de rentes en dépôt à la Caisse d'épargne ;*

Le compte de *Divers L/C de dépôts en inscriptions de rentes*, etc., etc., l'énumération de ces comptes n'étant pas limitative, dit le n° 13 de l'Instruction de 1893.

369. Le compte de *Caisse* doit retracer à son débit toutes les entrées d'espèces, et à son crédit tous les paiements en numéraire.

370. Le compte de la *Caisse des dépôts* est débité de tous les placements faits à cette Caisse; il est crédité pour les retraits de fonds.

371. Ce compte est en outre crédité, par le débit de celui des *Déposants*, du montant des sommes transférées sur une Caisse d'épargne ordinaire ou sur la Caisse nationale d'épargne, et il est débité, par le crédit des Déposants, du montant des sommes transférées d'une Caisse ordinaire ou de la Caisse nationale.

372. Les comptes relatifs aux dépôts d'inscriptions de rentes sont purement d'ordre et doivent présenter le même résultat que le registre spécial dont il est parlé aux n°s 206 et 207. Ils indiquent, comme ce livre, les *sommes de rente* et non les capitaux.

Le premier compte *(Inscriptions en dépôt à la Caisse)* est débité, au crédit du dernier, des inscriptions de rentes déposées. L'inverse a lieu lorsque les inscriptions sont remises aux titulaires ou à leurs ayants droit (N° 84 Instr. 1857.)

373. Le compte *Profits et Pertes* est crédité et le compte *Caisse des dépôts* est débité du montant des intérêts résultant du compte courant avec cette Caisse, arrêté au 31 décembre de chaque année.

374. Ledit compte *Profits et Pertes* est successivement débité et le compte *Déposants* crédité des intérêts liquidés, soit lors des remboursements totaux, soit en fin d'année lors de la capitalisation qui est faite au moment du règlement annuel des comptes courants individuels.

375. Le compte *Frais généraux* est soldé en fin d'année par le débit du compte *Profits et Pertes*.

376. Le compte *Profits et Pertes* est soldé à son tour par le débit du compte *Fortune personnelle*. (N° 84 Instr. 1857 et Circ. min. 19 septembre 1903.)

377. L'Instruction de 1893 relève que quelques Caisses ne se conforment pas aux Instructions en ce qui concerne la passation des écritures relatives aux intérêts sur les livrets soldés. Elle fait ressortir que ces intérêts doivent être portés successivement au crédit du compte *Déposants* et au débit du compte *Profits et Pertes* (n° 374), qui joue le rôle de compte d'attente ou d'avances depuis le jour du remboursement jusqu'au 31 décembre.

En effet, au moment d'un remboursement total, la Caisse avance des intérêts qui ne sont pas encore échus et que la Caisse des dépôts ne lui servira qu'au 31 décembre. (Voir à ce sujet le n° 103.) Comme, en fin d'année, ces intérêts seront portés au crédit du compte *Profits et Pertes* par le débit du compte *Caisse des dépôts* (n° 373), il est donc tout naturel de faire intervenir ce compte *Profits et Pertes*, et de le charger d'avancer les intérêts qui sont alloués, au fur et à mesure que des remboursements totaux sont effectués. (N° 12 Instr. 1893.)

378. Arrêté des écritures en fin d'année. — Comptes trimestriels. — Les écritures doivent être arrêtées en capital et intérêts au 31 décembre, lesdits intérêts provisoirement calculés après vérification entre la Caisse et le préposé de la Caisse des dépôts.

379. Si, au cours de l'exercice suivant, l'envoi du décompte définitif des intérêts par la Caisse des dépôts faisait reconnaître certaines différences, les contre-parties, généralement insignifiantes, seraient passées en écritures au compte de l'exercice courant dont les résultats ne seraient pas sensiblement modifiés, au lieu de l'être au compte de l'exercice écoulé, *qui reste définitivement clos et arrêté*.

380. Les préposés de la Caisse des dépôts et les Caisses assureront la concordance de leurs écritures par la tenue contradictoire d'un compte courant dont le modèle est annexé à la Circulaire. Ils devront se conformer aux indications marginales portées sur ledit modèle.

381. Au début de chaque trimestre, les Caisses établiront, sur des feuilles du même modèle que le compte courant, une copie *in extenso* de ce compte pour les opérations effectuées pendant les trois mois précédents.

382. Elles ajouteront, sur une seule ligne, les totaux des capitaux et des nombres antérieurement vérifiés pour la même année, lorsque la vérification portera sur les trois derniers trimestres.

383. En ce qui concerne spécialement le quatrième trimestre, la balance définitive des capitaux et des nombres sera établie et les intérêts seront liquidés et ajoutés à la balance des capitaux.

384. Les copies de comptes seront ensuite adressées chaque trimestre aux Receveurs des Finances qui les vérifieront et les rectifieront, le cas échéant; puis les renverront aux Caisses après en avoir certifié la concordance avec leurs propres écritures. (Application du n° 109 Instr. 1857, modifié par la Circ. min. du 19 septembre 1903).

385. Copie annuelle du compte courant. — La copie du compte courant des Caisses est établie en simple expédition dans les premiers jours de janvier, par le Receveur des Finances, qui l'adresse sans délai aux Administrateurs, avec invitation de la renvoyer sous huitaine, de manière qu'elle puisse être transmise par le Trésorier-Payeur général à la Caisse des dépôts avant le 25 janvier.

Si des différences, soit en capital, soit en intérêts, sont constatées ultérieurement par la Caisse des dépôts, la rectification sera faite comme il est dit au n° 379. (N° 110 Instr. 1857, modifié partiellement par la Circulaire de la Caisse des dépôts du 4 juillet 1891).

386. Comptes courants individuels. — Inscriptions auxdits comptes. — Versements conditionnels et versements ordinaires faits au nom d'une même personne. — L'article 6 du décret de 1852 prescrit de tenir un livre de comptes courants individuels (modèle n° 45). Chaque volume doit contenir 500 comptes : on *peut* diviser les comptes en pairs et impairs, c'est-à-dire de 1 à 999 et de 2 à 1,000.

Le nom du déposant et les initiales de ses prénoms doivent seuls être inscrits en tête de son compte ; s'il s'agit d'une femme mariée ou veuve, on y ajoutera son nom d'alliance ; on fait aussi mention de la qualité de mineur, s'il y a lieu. On ne doit y inscrire aucun autre renseignement, ni faire signer le déposant.

Nota. — Nous pensons que l'inscription entière des prénoms au compte courant et de tous renseignements utiles ne serait plus considérée comme une infraction à l'Instruction.

L'usage des comptes mobiles est interdit.

387. S'il est fait, en faveur d'une même personne, des placements conditionnels et des versements ordinaires non soumis *à la condition*, il doit être ouvert un compte distinct pour chaque catégorie de versements ; seulement, ces deux comptes sont placés sur la même feuille.

388. — En même temps qu'on inscrit aux comptes courants les sommes versées ou remboursées, on indique, au moyen de la table d'intérêts, dans les colonnes à ce destinées, le nombre de quinzaines à courir depuis le jour où ces sommes doivent commencer à porter intérêt jusqu'à la fin de l'année, et les intérêts qu'elles produisent. (Voir les n°s 340 à 343 ; n° 85 Instr. 1857.)

389. Relevés des comptes courants. — Afin de s'assurer si les versements et les remboursements d'une semaine ont été inscrits exactement sur les comptes auxquels ils devaient s'appliquer, on prépare des bordereaux relevés des comptes courants (modèle n° 46).

Ces bordereaux, dressés d'après l'ordre numérique des livrets, ne présentent d'abord que le numéro et le nom de chaque titulaire ; lorsque le report a été effectué sur le compte courant, on relève d'après chaque compte le montant du versement ou du remboursement inscrit à la date courante, et, dans la colonne des intérêts anticipés ou rétrogrades, le chiffre de l'intérêt porté à côté de l'opération sur le compte courant. Les capitaux et les intérêts sont additionnés ensuite par série de 1,000 numéros.

L'ensemble de ces capitaux doit nécessairement être conforme au bordereau de Caisse dressé séance tenante, et l'on s'assure de l'exactitude des intérêts en les calculant sur le total des opérations de chaque série ou de la journée.

Ces bordereaux ainsi préparés servent à passer les écritures relatives aux *comptes divisionnaires ou régulateurs* dont il est parlé ci-dessous. (Voir le n° 392.) (N° 86 Instr. 1857.)

390. Double du livre des comptes courants. Comptes divisionnaires. — Aux termes de l'article 7 du décret de 1852, l'Administration *peut*, pour obtenir plus de garantie de l'exactitude des écritures et prévenir de longues recherches en cas de différences, prescrire la tenue *d'un double du livre des comptes courants, et d'un livre de comptes divisionnaires*, dans lesquels seront résumés, à des comptes généraux, les résultats des comptes courants d'un certain nombre de déposants (1,000 ordinairement).

390[1]. L'Instruction de 1857 invite toutes les Caisses à prescrire d'elles-mêmes à leurs

Caissiers la tenue de ces livres; mais elle ajoute que le Gouvernement n'exigera ces livres à titre obligatoire que des Caisses auxquelles l'importance de leurs opérations les rend absolument nécessaires.

390[2]. — La circulaire du 19 septembre 1903, relative à l'arrêté des écritures en fin d'année, *recommande* la tenue des comptes divisionnaires, en faisant remarquer que le montant des intérêts à capitaliser au profit des déposants se trouve déjà connu, en fin d'année, des Caisses qui tiennent un livre de ces comptes.

391. Les comptes divisionnaires ou régulateurs ont pour objet de maîtriser, en la divisant, la masse des écritures, quelque multipliées qu'elles puissent être, et quelque considérable que soit le nombre des comptes particuliers.

Ils forment des groupes qui permettent d'opérer sur des nombres limités, et facilitent ainsi le redressement des erreurs en les circonscrivant.

392. Chaque millier de déposants, considérés comme un seul, a donc son compte sur les registres des comptes divisionnaires et sur leurs contrôles, et l'on y porte chaque semaine les résultats des récapitulations, faites par mille, des bordereaux relatifs aux comptes particuliers.

393. A la fin de chaque mois, on fait sur les registres, à l'encre rouge, et sans arrêter les comptes, les additions du débit et du crédit de chaque compte, on soustrait le total du débit de celui du crédit, et l'on fait ressortir en dedans le solde de chaque mille à l'encre rouge.

On relève tous ces soldes, dont l'addition totale doit s'accorder avec le solde des comptes courants donné par la balance du Grand-Livre.

394. A la fin de l'année, lorsque l'on a capitalisé les intérêts et qu'on a fait le relevé d'une série des comptes particuliers des déposants, on s'assure de l'identité des résultats de cette série avec ceux du compte divisionnaire correspondant.

En cas de différence, l'erreur, quelque minime qu'elle soit, doit être recherchée jusqu'à ce qu'une parfaite concordance soit obtenue.

395. Il est tenu des comptes divisionnaires pour résumer non seulement le mouvement des capitaux, mais encore le mouvement des intérêts anticipés et rétrogrades, tant d'après les comptes courants que d'après les contrôles. Ils sont balancés, comme les précédents, chaque mois et à la fin de l'année. (Les registres des comptes divisionnaires sont conformes aux modèles n°s 47 et 48.) (N° 87 Instr. 1857.)

396. Balances périodiques : Grand-Livre, comptes divisionnaires, comptes individuels. — Production de deux de ces balances. — On doit établir toutes les semaines la balance du Grand-Livre (modèle n° 49), tous les mois la balance des comptes divisionnaires (modèles n°s 50 et 51), et tous les ans celle des comptes individuels. (N° 88 Instr. 1857.) (Pour les Caisses qui ne tiennent pas de comptes divisionnaires, voir les n°s 351 à 353.)

397. Doivent être produites au préposé de la Caisse des dépôts :

Du 1er au 5 de chaque mois, la balance des comptes du Grand-Livre au dernier jour du mois précédent.

398. *Avant le 15 avril de chaque année*, la copie complète de la balance des comptes individuels au 31 décembre de l'année précédente. (Cette copie ne comprend que deux colonnes : numéros des livrets, solde de chaque livret au 31 décembre ; cette dernière est totalisée.)

Toutefois, les Caisses qui possèdent plus de 20,000 comptes et dont le contrôle est assuré par un Agent général ou un Contrôleur nettement indépendant du Caissier, pourront ne produire qu'une copie partielle de cette balance.

Le préposé de la Caisse des dépôts désigne, chaque année, avant le 1er mars, les séries de comptes qui devront figurer sur la copie, sans que le nombre total de ces comptes puisse excéder 20,000. (Instr. 20 décembre 1901.)

399. Relevé mensuel. — Avant le 5 de chaque mois au plus tard, les Caisses doivent envoyer directement au Ministère le relevé des opérations du mois précédent, comprenant : 1° le montant des versements et des remboursements effectués *en espèces ;* 2° l'excédent des uns ou des autres pendant le mois, et 3° l'excédent final depuis le 1er janvier de l'année en cours.

L'état peut être signé du Caissier seul ou, si on le préfère, revêtu du visa du Président ou d'un Administrateur de service. (Circ. min. 24 janvier 1903, 2 mars 1903 et suivantes.)

FONDS ET VALEURS

PLACEMENTS ET RETRAITS DES FONDS. — ENCAISSES. — PROCÈS-VERBAUX BORDEREAU DE SITUATION SOMMAIRE

400. Caisse à deux clefs. — L'article 9 du décret du 15 avril 1852 exige que chaque Caisse soit pourvue d'une caisse à deux serrures différentes, où seront renfermés les fonds et le portefeuille des inscriptions de rentes.

L'une des clefs reste au Caissier, l'autre est déposée entre les mains d'un Administrateur qui est tenu d'assister à l'ouverture et à la fermeture de la caisse.

L'Instruction de 1893 constate que l'infraction à cette dernière disposition est à peu près générale, infraction qu'elle comprend de la part des Caisses d'épargne dont le mouvement des fonds et valeurs est très considérable et de celles qui enferment dans la caisse les principaux livres de comptabilité. Elle ajoute, néanmoins, qu'il importe de se conformer, dans la mesure du possible, à cette disposition réglementaire.

Lorsqu'il y a un Contrôleur, il est admis que c'est lui qui doit être dépositaire de la seconde clef. (Nos 95 Instr. 1857 et 4 Instr. 1893.)

401. Placement des fonds. — Fonds provenant des succursales. — Fonds à conserver en caisse. — Procès-verbaux des séances. — Les fonds reçus par les Caisses, y compris ceux des succursales, doivent être immédiatement versés à la Caisse des dépôts ou à ses préposés. Les sommes provenant des succursales qui ne leur parviendraient qu'après le versement hebdomadaire du Caissier feraient l'objet de versements spéciaux aussitôt après la réception desdites sommes.

402. L'article 3 du décret du 20 septembre 1896 prescrit aux Receveurs des Finances de veiller à ce que les encaisses leur soient exactement versées, sous la seule réserve des fonds jugés nécessaires pour assurer le service. L'Instruction de 1857 dit que ces fonds ne peuvent dépasser le montant des remboursements demandés et promis pour être effectués *avant* ou *à* la plus prochaine séance de recette. (Voir, au sujet des paiements à vue, le n° 99.) En conservant des encaisses trop fortes et non justifiées, non seulement les Caissiers enfreignent les Instructions, mais ils exposent leur Caisse à une perte d'intérêts.

403. Pour assurer l'exécution de la disposition relative à l'encaisse, il est dressé après chaque jour de recette ou de paiement un procès-verbal constatant et résumant les opérations de *caisse proprement dites* de la journée, ainsi que l'état de la caisse et du portefeuille. Ce procès-verbal (modèle n° 55) est certifié et arrêté séance tenante par l'Administrateur de service. (Voir les nos 409 et 410.) (Nos 96, 104 et 106 Instr. 1857 ; 10 et 11 Instr. 1893 ; art. 3 du décret du 20 septembre 1896.)

404. Caisses situées en Algérie. — En ce qui concerne ces Caisses, les employés du service des contributions directes chargés du contrôle veillent à ce que les encaisses soient exactement versées au Trésor, à l'exception toutefois des fonds jugés nécessaires pour assurer le service, conformément à l'article 1er de la loi du 20 juillet 1895. (Art. 3 du décret du 27 juin 1898.)

405. Bordereau de situation sommaire. — A l'issue de chaque séance d'opérations, la Caisse doit produire à la Recette des Finances un bordereau de situation sommaire (modèle n° 1) présentant le montant des versements et des remboursements de la séance, les mouvements de fonds avec la Caisse des dépôts et avec les succursales, le total des dépenses portées au compte *Frais généraux* et le total des autres opérations en numéraire ayant affecté la Caisse depuis la séance précédente. (Voir le n° 410.)

406. Ce bordereau doit être établi avant que les bordereaux de contrôle aient été remis au Secrétaire du Conseil des Administrateurs ou à l'agent chargé de les conserver.

407. L'Administrateur de service le rapproche des borderaux de contrôle, en arrête en toutes lettres le total des versements et celui des remboursements de la séance, le signe et l'adresse directement à la Recette des Finances.

408. Dans les Caisses qui possèdent plus de 20,000 comptes, où le contrôle est assuré par un Agent général ou un Contrôleur nettement indépendant du Caissier, l'agent de contrôle est admis à suppléer l'Administrateur de service pour l'arrêté du bordereau.

409. Ce bordereau peut remplacer le procès-verbal n° 55 prévu par le n° 96 de l'Instruction de 1857, s'il est établi en double expédition et si l'une des expéditions est conservée à la Caisse pour tenir lieu de procès-verbal de séance. (Instr. 20 décembre 1901.)

410. Il ne dispense pas la Caisse de fournir, en outre, à chaque versement effectué à la Caisse des dépôts, la situation sommaire n° 54 prescrite par le n° 96 de l'Instruction de 1857 (Circ. min. 16 juillet 1902.) Mais pour remplacer ce modèle, ou la seconde expédition du bordereau prévue au n° 409, le Ministère a modifié le bordereau de situation sommaire n° 1. En conséquence, celui-ci doit être pourvu d'un *volant*, qui n'est rempli que lorsque des fonds doivent être versés à la Caisse des dépôts ; il est détaché par la Recette des Finances. (Circ. min. 20 janvier 1903.)

411. Retrait de fonds. — Avis préalable. — Le retrait de fonds déposés à la Caisse des dépôts s'effectue en vertu d'un avis préalable (modèle n° 61) signé de deux Administrateurs au moins, dont un seul pourra être un Administrateur adjoint. Une quittance (modèle n° 62) est fournie par le Caissier et jointe ensuite à l'avis. (N° 107 Instr. 1857.)

Le préposé appelé à faire le remboursement doit être avisé au moins cinq jours à l'avance. (N° 7 Instr. Caisse des dépôts du 15 janvier 1878.)

412. Carnet des placements et des retraits de fonds. — Conformément à l'article 6 du décret de 1852, il doit être tenu un carnet des placements de fonds faits à la Caisse des dépôts et des retraits de ces fonds. Les uns et les autres sont toujours faits en sommes rondes, sauf ceux qui ont lieu par transfert. Ce carnet est tenu par addition et soustraction, afin qu'il présente toujours le solde en capitaux du compte de la Caisse des dépôts. Les intérêts liquidés chaque année doivent, en conséquence, y être inscrits. (N° 108 Instr. 1857.)

INSPECTION GÉNÉRALE.

VERIFICATIONS DU TRÉSORIER-PAYEUR GÉNÉRAL ET DU RECEVEUR PARTICULIER DES FINANCES.

412[1]. Vérification de la balance des comptes individuels. — La copie de la balance des comptes individuels au 31 décembre, indiquée au n° 398, est réadditionnée, en tout ou en partie, dans les bureaux de la Recette des Finances; son total général est rapproché de celui de la balance mensuelle des comptes du Grand-Livre au 31 décembre, et le Receveur des Finances mentionne sur la copie les parties sur lesquelles a porté sa vérification, ainsi que les résultats de cette vérification.

413. Présence aux séances. — Le Receveur des Finances, ou son fondé de pouvoirs, doit assister à un certain nombre de séances de la Caisse principale et des succursales.

Il rapproche les livrets présentés à la Caisse soit des comptes courants, soit de la balance des comptes individuels, et il s'assure si une surveillance effective est exercée, en cours de séance, sur les opérations du Caissier ou du Sous-Caissier.

La date des séances auxquelles il a assisté est mentionnée au procès-verbal de la vérification ultérieure, ainsi que les constatations qu'il a pu faire.

414. Vérification de la Caisse centrale. — Le Receveur procède, toutes les fois qu'il le juge à propos, mais au moins une fois par an, à la vérification approfondie de la Caisse et des écritures.

Au cours de cette vérification, le Receveur effectue, sur place, des rapprochements de la copie de la balance des comptes individuels avec les comptes courants.

Les agents des Caisses sont tenus de prêter leur concours à ces vérifications, de présenter leurs fonds et valeurs, de communiquer tous livres, registres, pièces et documents utiles à la vérification.

415. [Cette communication est restreinte aux documents d'ordre financier. (Circ. min. 20 décembre 1901].)

En cas de contestation sur l'utilité, pour la vérification, d'une communication demandée par l'agent vérificateur, la question doit être soumise aux départements du Commerce et des Finances.

416. Vérification des succursales. — Le Receveur des Finances, ou son fondé de pouvoirs, doit se rendre le plus souvent possible, un jour de séance, au siège des succursales. Il n'est pas tenu de vérifier, chaque année, toutes les succursales de son arrondissement.

Les vérifications donnent lieu à la rédaction d'un procès-verbal dont le résumé, en double expédition, n'est transmis à la Direction générale de la comptabilité publique qu'au cas ou des constatations d'une certaine gravité auraient été faites.

Lorsqu'au contraire, le service a été trouvé satisfaisant, le Receveur se borne à mentionner la date et les résultats de sa vérification sur le procès-verbal de la vérification de la Caisse principale.

417. Trésorier-Payeur général. — Le Trésorier-Payeur général a la faculté de vérifier par lui-même ou par son fondé de pouvoirs les Caisses d'épargne situées dans les arrondissements de sous-préfectures.

Les n°s 412[1] à 416 lui sont applicables.

418. Inspection générale. — Les vérifications de l'Inspection générale des Finances portent sur l'ensemble des opérations des Caisses.

Les agents des Caisses sont tenus de prêter leur concours aux Inspecteurs des Finances dans leurs vérifications, de leur présenter leurs fonds et valeurs, de communiquer tous livres, registres, pièces et documents utiles à la vérification. (Instr. 20 décembre 1901.)

419. [La communication des documents s'étend aux documents d'ordre administratif. (Circ. min. 20 décembre 1901.] (Voir le n° 6).

420. Avis au Président du Conseil avant vérification. Communication du rapport au Comptable vérifié et au Président du Conseil. — Les Inspecteurs des Finances, les Trésoriers-Payeurs généraux et les Receveurs particuliers des Finances doivent, avant toute vérification, en donner avis au Président du Conseil des Directeurs ou à celui qui le remplace, afin qu'il puisse y assister s'il le juge convenable.

Ils communiquent le résultat de leurs constatations au comptable vérifié ou, le cas échéant, à l'agent dont il dépend, afin de le mettre en mesure de présenter ses observations. Ils font la même communication au Président du Conseil des Directeurs.

421. Leurs rapports et procès-verbaux sont envoyés, avec les observations du Comptable et des Directeurs, au Ministre des Finances, qui les transmet au Ministre du Commerce et se concerte avec lui sur la suite à leur donner. (Art. 5 du décret du 20 septembre 1896 et Instr. 20 décembre 1901.)

422. Caisse d'épargne de Paris. — Cette Caisse est placée sous la surveillance directe du Ministre des Finances, qui en fait vérifier, quand il le juge convenable, la situation par l'Inspection générale des Finances. (2e alinéa de l'art. 1er du décret du 20 septembre 1896.)

423. Caisses d'épargne d'Algérie. — Les attributions conférées par l'article 2 du Décret du 20 septembre 1896 aux Trésoriers-Payeurs généraux et aux Receveurs particuliers des Finances de la métropole sont remplies en Algérie par les employés du service des Contributions directes.

Les n°s 412[1] à 416, 420 et 421 leur sont applicables.

424. Les rapports et procès-verbaux des agents vérificateurs, avec les observations du Comptable et des Directeurs ou Administrateurs, sont, par l'intermédiaire du Gouverneur général et avec son avis, adressés au Ministre des Finances, qui les communique au Ministre du Commerce et se concerte avec lui sur la suite à leur donner. (Articles 2 et 4 du Décret du 27 juin 1898.)

425. Relations de l'Administration des Finances limitées aux Conseils d'Administration des Caisses. — Le Trésor royal (maintenant la Caisse des dépôts et consignations) et les comptables ne correspondront qu'avec l'Administration de chaque Caisse d'épargne et ne pourront être mis en relation avec les déposants pour les versements et les remboursements. (Article 7 de l'Ordonnance du 3 juin 1829.)

« En vertu de cet article, les Receveurs des Finances n'ont pas à s'immiscer dans les relations des Caisses avec leurs déposants. Les questions d'appréciation de validité des opérations faites par ces établissements avec leurs déposants, ne rentrent pas au nombre de celles sur lesquelles doit porter la surveillance. En cette matière, les Caisses doivent agir sous leur complète responsabilité en dehors de toute intervention administrative, attendu qu'elles sont justiciables des tribunaux ordinaires ». (Extrait d'une lettre adressée, le 1er décembre 1885, par M. le Ministre du Commerce à M. le Ministre des Finances.)

Nota. — Cette lettre, dont quelques lignes sont intercalées dans le texte du n° 114, figure au premier *Recueil concernant les Caisses d'épargne*, de M. H. Laurent. Elle répond à une question soulevée par un Trésorier-Payeur général qui, se basant sur l'article 1341 du Code civil, contestait la validité des paiements *supérieurs à 150 francs* faits aux déposants ne sachant signer, sur la simple certification de deux témoins et de l'Administrateur de service.

Tout en critiquant cette manière d'opérer, M. le Trésorier-Payeur général demandait si, indépendamment de ces trois signatures, le Caissier, en qualité de payeur, ne devait pas apposer la sienne sur le certificat. Il fut répondu que l'Instruction de 1857 ne l'ayant point exigée, cette signature n'était pas nécessaire.

FORTUNE PERSONNELLE

CAISSES DE RETRAITES POUR LE PERSONNEL. — LIBÉRALITÉS. — JETONS. — ÉMISSION DE BONS OU TIMBRES. — LIVRETS SCOLAIRES.

426. Obligation pour les Caisses d'épargne de se constituer une fortune personnelle. — Les Caisses sont tenues de se constituer une fortune personnelle, qualifiée de fonds de réserve et de garantie. (N° 12 Instr. 1895.)

427. Sa destination. — Cette destination est ainsi définie par le dernier paragraphe de l'article 9 de la loi de 1895 : « Toutes les pertes résultant de la gestion de la Caisse d'épargne devront être imputées sur ce fonds de réserve qui constitue sa fortune personnelle. » La loi confirme ainsi la doctrine exposée dans le n° 47 de l'Instruction de 1893, que la fortune personnelle des Caisses constitue une garantie au profit des déposants. (N° 14 Instr. 1895.)

428. Par des avis des 27 janvier 1898, 19 juillet 1898 et 4 mai 1899, — avis annexés à la Circulaire, — le Conseil d'Etat a estimé que l'article 10 de la loi de 1895, relatif aux placements de la fortune personnelle des Caisses d'épargne, devait être désormais appliqué de plein droit, sans qu'il fût nécessaire de modifier sur ce point les statuts des Caisses contenant des clauses dissemblables ou contraires. Le Conseil s'inspire de cette règle que les lois sur la capacité des personnes sont immédiatement applicables, soit qu'elles élargissent, soit qu'elles restreignent leur capacité ; par suite, les statuts des Caisses d'épargne doivent être considérés comme modifiés *de plano*, en ce qu'ils ont de contraire à loi. (§ 1er.)

Précisant ce dernier point, le Conseil d'Etat a été amené à spécifier qu'il y avait lieu de considérer, en principe, comme frappées de caducité les diverses dispositions statutaires traitant de la fortune personnelle des Caisses d'épargne, notamment celles qui exigeaient l'autorisation, soit du Département du Commerce pour les acquisitions ou constructions d'immeubles, soit du Gouvernement pour l'aliénation de cette fortune personnelle, aussi bien que celle qui permettait d'affecter aux dépenses d'administration le revenu de la fortune personnelle, puisque, aux termes de l'article 9 de la loi susvisée, il doit être capitalisé, ainsi que les primes d'amortissement provenant des valeurs composant cette fortune personnelle. (§ 2.) (Voir le n° 432.)

429. Le Département des Finances exigeait précédemment que par, application des statuts, un décret autorisât la vente des rentes appartenant à la fortune personnelle des Caisses d'épargne et spécifiât le remploi des fonds provenant de la vente de ces rentes.

Il est désormais admis, après entente entre les deux Ministères, que le Trésor n'intervenant que pour constater au Grand-Livre le résultat des transactions, et n'ayant pas à surveiller le remploi des fonds, il sera donné cours aux opérations de l'espèce, moyennant la production des pièces suivantes :

1° Les titres de rente ;

2° L'ampliation d'une délibération du Conseil des Directeurs, prescrivant la vente des inscriptions désignées par somme, série et numéro, et relatant le nom de la personne chargée de faire opérer le transfert ;

3° La procuration du mandataire ayant pouvoir de réaliser l'opération.

430. Ces deux pièces resteront soumises aux formalités de la légalisation, et la procuration sera sur timbre et enregistrée. (§ 3 de la Circulaire et Circ. min. 10 avril 1902.)

431. Les notaires appelés à passer acte des ventes d'immeubles appartenant à des Caisses d'épargne et se fondant sur la clause statutaire y relative ne consentaient jusqu'ici à instrumenter que sur la production d'un décret autorisant la vente. M. le Ministre de la Justice a décidé qu'il porterait à la connaissance des notaires la doctrine du Conseil d'Etat, sauf à leur indiquer que si, en présence de statuts approuvés *postérieurement* à la loi du 20 juillet 1895 et contenant les clauses d'autorisation pour les acquisitions ou aliénations d'immeubles, ils ne se croyaient pas fondés à passer outre, ils pourraient requérir la modification préalable desdits statuts. (§ 4.)

432. La distinction créée entre les fonds de dotation et de réserve est abolie. Il ne doit plus exister sous la dénomination de Fortune personnelle qu'un fonds unique dit *de réserve et de garantie*, composé, d'après l'article 9 de la loi :

1° de la dotation existante et des dons et legs qui pourraient lui être attribués ;

2° de l'économie réalisée sur les bonifications produites par la retenue que les Caisses d'épargne sont autorisées à exercer sur les intérêts qu'elles reçoivent de la Caisse des dépôts et consignations ;

3° des intérêts et des primes d'amortissement provenant de ce fonds lui-même.

433. Cette fortune personnelle pourra, sans aucune autorisation ni intervention administrative quelconque, et sous la responsabilité du Conseil des Directeurs, être employée aux placements énumérés à l'article 10 de la loi. (En ce qui concerne l'emploi en valeurs locales du cinquième de cette fortune et de la totalité du revenu annuel, voir les n°s 448 à 452.)

La première partie de cet article comprend :

1° les valeurs de l'Etat ou jouissant d'une garantie de l'Etat ;

2° les obligations négociables et entièrement libérées des départements, des communes et des chambres de commerce ; (Voir les n°s 438 et 439.)

3° les obligations foncières et communales du Crédit Foncier ;

4° l'acquisition ou la construction des immeubles nécessaires à l'installation du service des Caisses. (Voir les n°s 440 à 444.) (§ 5 de la Circulaire et partie de l'art. 10 de la loi.)

434. Actuellement, il ne doit plus exister dans les écritures qu'un seul compte où sont fusionnés, sous le titre de *Fortune personnelle*, les anciens comptes de dotation et de réserve.

Seront désormais directement portés à ce compte, sans passer par le compte *Profits et pertes* :

1° l'intégralité du revenu de la fortune personnelle, arrérages de rentes, intérêts des valeurs appartenant à l'établissement, produit exceptionnel de la location de la partie des immeubles qui n'est pas affectée aux services de la Caisse ;

2° les primes d'amortissement des diverses valeurs remboursées à la Caisse par voie de tirage au sort ou autrement ;

3° les bénéfices provenant de la vente des rentes ou autres valeurs et des immeubles, c'est-à-dire la différence entre les prix d'achat ou de revient, établis comme il sera dit plus loin, et les prix de vente. (Voir les nos 436, 446 et 447.)

435. Sera également portée au compte de la *fortune personnelle*, mais en fin d'exercice et par l'intermédiaire du compte *Profits et Pertes*, la différence entre le montant des bonifications et le montant des dépenses, cette différence constituant l'économie à laquelle la loi astreint les Caisses en vue de l'augmentation de leur fortune personnelle. (§ 6.)

436. Les sommes consacrées par les Caisses d'épargne à l'acquisition des diverses valeurs énumérées à l'article 10 de la loi, et notamment des immeubles, ne sauraient être envisagées comme une dépense ; elles constituent, en effet, un placement de la fortune personnelle et non une aliénation, puisqu'elles ne sortent pas de cette fortune personnelle et qu'elles y sont représentées par une contre-valeur, qui continue à figurer dans l'actif de l'établissement.

Le montant du capital des rentes et autres valeurs d'État ou garanties par l'État, des obligations des départements, des communes et des chambres de commerce, des obligations foncières et communales du Crédit foncier, est le *prix d'acquisition*. Il n'y a pas à tenir compte des variations que les fluctuations des cours de la Bourse font éprouver au capital, tant que, par une vente, ces plus-values ou ces moins-values n'ont pas été définitivement transformées en bénéfice ou en perte. (§ 7.)

437. Il sera ouvert pour chacune de ces valeurs un compte spécial, qui sera débité du coût desdites valeurs par le crédit soit du compte *Caisse des dépôts et consignations*, soit du compte *Caisse*, suivant que les sommes nécessaires à l'achat auront été directement prélevées sur celles qui sont en compte courant ou qu'elles auront été soldées en espèces. Les achats ultérieurs donneront lieu à une passation d'écritures dans le même sens et, pour les ventes, les écritures seront respectivement passées en sens inverse. (§ 8.)

438. L'article 10 de la loi de 1895 a autorisé les Caisses d'épargne, non pas à faire aux départements, aux communes et aux chambres de commerce des prêts directs, remboursables, par exemple, par annuités, en un nombre d'années fixé à l'avance, mais uniquement à prendre, comme de simples particuliers, des obligations négociables et entièrement libérées, émises par ces personnes morales.

On entend par *obligations négociables* des obligations pouvant être achetées et vendues en Bourse par ministère d'agent de change.

439. Les placements des Caisses doivent être *toujours facilement réalisables*.

Tout prêt fait à des départements, des communes ou des chambres de commerce dans des conditions autres que celles expressément déterminées par l'article 10, c'est-à-dire autrement qu'en obligations négociables et entièrement libérées, étant illégal, devra être immédiatement et intégralement remboursé par l'emprunteur, malgré toute stipulation de délai.

Il en devrait être de même si une Caisse se rendait acquéreur d'obligations négociables et entièrement libérées, émises par une des personnes morales ci-dessus désignées à un taux d'intérêt anormal, laissant nettement apparaître une libéralité déguisée, que la loi proscrit. (§ 9.)

440. En vertu de l'article 10, les immeubles que les Caisses d'épargne acquièrent ou font construire *ne peuvent*, en dehors des constructions spéciales d'habitations à bon marché, être affectés qu'à l'installation de leurs services. Cette disposition, qui ne fait que consacrer la règle introduite avant 1895 dans tous les statuts récents en vue de prévenir des abus constatés, exclut formellement les immeubles de rapport, comme placement de la fortune personnelle. L'achat d'immeubles de cette nature, malgré l'avantage qui pourrait en résulter, serait un acte illégal, entaché de nullité.

441. La possession d'immeubles de rapport ne pourrait subsister que si elle remontait à une époque antérieure et à la loi de 1895 et à l'introduction, dans les statuts, de la clause restrictive susvisée.

La disposition dont il s'agit ne semble pas interdire toutefois la location des locaux secondaires de l'immeuble qui ne resteraient pas nécessaires aux services de l'établissement. Il y aurait là, le cas échéant, un acte de bonne gestion, que l'esprit de la loi ne paraît pas écarter et qui mérite même d'être encouragé, pourvu que cette location garde un caractère *accessoire* et qu'elle soit faite au prix marchand des loyers de la localité, sans constituer indirectement aucune libéralité en faveur des locataires privés ou administratifs. (§ 10.)

442. La loi n'a pas expressément limité la somme que les Caisses d'épargne peuvent consacrer à leurs acquisitions d'immeubles dans les conditions qui viennent d'être rappelées. Mais, en disposant que ces immeubles ne pourraient être acquis ou construits que dans la mesure où ils seraient *nécessaires* à l'installation des services, elle a mis en jeu la responsabilité des Directeurs qui excèderaient ces besoins.

443. Il serait manifestement imprudent de consacrer à un immeuble, comme malheureusement quelques Caisses ont eu la témérité de le faire, une somme trop forte qui, une fois immobilisée, ne produit plus de revenus. La fortune personnelle, premier gage des déposants, s'en trouve atteinte du même coup dans son accroissement et dans sa mobilité.

444. L'usage qui avait prévalu, lorsque les acquisitions ou constructions d'immeubles étaient encore soumises à l'autorisation ministérielle préalable, était de restreindre en principe, ces affectations, au tiers environ de la fortune personnelle dans sa consistance au moment de l'achèvement de l'opération. Il faut espérer que les Caisses ne voudront point enfreindre cette tradition et ne mésuseront pas de leur liberté nouvelle. (§ 11.)

445. Un compte *Immeuble* doit être ouvert. Il est débité successivement des sommes payées pour le coût de l'immeuble, en même temps que le compte *Caisse* est crédité des sommes qu'il a fournies pour ces paiements ; en cas d'insuffisance de l'encaisse, ce compte *Caisse* serait préalablement débité des sommes retirées de la Caisse des dépôts et consignations par le crédit du compte *Caisse des dépôts et consignations.*

446. On doit faire figurer à ce compte le prix de revient, c'est-à-dire le prix d'acquisition ou de construction accru, s'il y a lieu, des dépenses faites pour appropriations et grosses réparations, si toutefois ces dépenses peuvent être considérées comme en ayant augmenté la valeur intrinsèque.

Il peut y avoir là matière à appréciation fort délicate, car le plus souvent les transformations qui ont lieu pour adapter l'immeuble à sa nouvelle destination n'en feraient pas trouver, en cas de vente, un prix plus élevé. D'un autre côté, les grosses réparations effectuées soit au moment de l'acquisition, soit ultérieurement, n'ont le plus souvent pour effet que de maintenir la valeur primitive. Les conseils des Directeurs feraient donc le plus souvent œuvre de prudence en se bornant à passer simplement en dépenses les frais qui seraient faits de ce chef sur l'immeuble, au même titre que ceux qui ne constituent que des charges d'entretien.

447. Ce qu'il faut en tout cas éviter, c'est la confusion entre le prix de revient initial et la valeur vénale que l'on supposerait devoir être atteinte en cas de vente.

Cette valeur vénale ne peut être déterminée que par la vente de l'immeuble et, si le prix de vente qui la représente est supérieur ou inférieur au prix de revient, il y aura alors seulement bénéfice ou perte ; mais tant que ce bénéfice ou cette perte n'ont pas été effectivement réalisés, il n'y a pas lieu d'attribuer aux immeubles des plus-values ou des moins-values purement arbitraires. Ils doivent invariablement figurer aux écritures pour leur prix de revient, tel qu'il vient d'être spécifié et tel qu'il a été passé dans les écritures.

Ce prix ne peut diminuer qu'en cas de vente ou de cession de partie de l'immeuble ou pour toute autre réalisation effective, et non pas à raison d'opérations de comptabilité, telles que de prétendus amortissements qui, sans correspondre à des dépenses réelles, apporteraient des changements fictifs à un avoir qui n'a réellement point changé. (§ 12.)

448. La loi autorise les Caisses d'épargne à employer en valeurs locales la totalité du revenu de leur fortune personnelle, ainsi que le cinquième de cette fortune, à la condition que ces valeurs émanent d'institutions existant dans le département où les Caisses fonctionnent. (Voir le n° 452.)

Ces valeurs comprennent :

1° Les bons de mont-de-piété ou d'autres établissements reconnus d'utilité publique ;

2° Les prêts aux sociétés coopératives de crédit ou à la garantie d'opérations d'escompte de ces sociétés ;

3° Les acquisitions ou constructions d'habitations à bon marché ;

4° Les prêts hypothécaires aux sociétés de construction de ces habitations ou aux sociétés de crédit qui, ne les construisant pas elles-mêmes, ont pour objet d'en faciliter l'achat ou la construction ;

5° Les obligations de ces sociétés.

449. Le cinquième de la fortune personnelle dont il est parlé ci-dessus doit être calculé sur le montant de la fortune au 31 décembre précédent.

450. Quant au revenu que les Caisses peuvent employer en totalité, il consiste uniquement dans les sommes provenant des arrérages de rentes, intérêts des valeurs, locations exceptionnelles d'immeubles, etc., et qui sont afférents à l'année écoulée.

451. Pour grossir les fonds qu'elles entendent consacrer aux valeurs locales, les Caisses d'épargne ne peuvent mettre en réserve le revenu de la fortune personnelle pendant plusieurs années successives. Ce revenu, en effet, doit être capitalisé en vertu de l'article 9 de la loi ; il fait, dès le 1er janvier, partie intégrante de la fortune personnelle et les Caisses n'en ont plus alors que le cinquième à leur disposition.

452. L'article 10 exige, d'autre part, que les valeurs locales admissibles comme placement de la fortune personnelle émanent d'institutions existant dans le département où les Caisses fonctionnent. Par ces expressions, il ne faut pas entendre restrictivement que ces institutions aient leur siège principal dans le département ; il suffit qu'elles possèdent une agence, une succursale ou tout autre organisme « d'existence » dans le département. Il est, par exemple, des sociétés de construction d'habitations à bon marché qui étendent leurs opérations à plusieurs départements ; il ne paraît pas douteux qu'en pareil cas les Caisses d'épargne de ces divers départements peuvent concurremment consentir à ces sociétés des prêts hypothécaires ou prendre leurs obligations.

452'. Les règles générales, précédemment tracées sur la manière dont les valeurs, servant de placement à la fortune personnelle des Caisses d'épargne doivent figurer dans les opérations et les écritures de ces établissements, sont naturellement applicables aux valeurs locales définies par la loi. (§ 13 de la Circulaire et partie de l'article 10 de la loi.) (Voir les nos 436 et 437.)

453. Antérieurement à la loi de 1895, quelques Caisses d'épargne avaient employé une partie de leur fortune personnelle en valeurs locales autres que celles inscrites à l'article 10, telles, par exemple, que des prêts directs à des communes, des hôpitaux, des monts-de-piété, etc. Elles l'avaient fait en vertu soit d'autorisations ministérielles expresses, soit d'une interprétation extensive de leurs statuts, implicitement ratifiée par une longue pratique. Ces Caisses devront saisir la première occasion de mettre un terme à ces placements, ou de les transformer en placements régulièrement conformes à ceux qu'autorise l'article 10. (§ 14.)

454. Le Ministre pourra toujours, sur l'avis de la Commission supérieure, suspendre les placements en valeurs locales. (Partie de l'article 10 de la loi.)

455. En cas de modification ultérieure à leurs statuts, les Caisses devront saisir cette occasion pour en faire, en même temps, disparaître toute clause relative à la fortune personnelle, de manière à laisser plus clairement encore l'administration de cette fortune sous l'empire exclusif des dispositions de la loi de 1895.

456. Aux termes de l'avis du Conseil d'Etat du 19 juillet 1898, les Caisses peuvent placer entièrement leur fortune personnelle en compte courant à la Caisse des dépôts et consignations. (§ 15.) (Circ. min. 13 février 1901.)

457. **Maisons à bon marché**. — La Circulaire ministérielle fait ressortir l'intérêt que porte le législateur, par l'article 6 de la loi du 30 novembre 1894 et l'article 10 de la loi de 1895, au développement des sociétés de construction d'habitations à bon marché et le concours qu'il attend des réserves de l'épargne en faveur de ce développement.

Elle fait appel aux Caisses, grandes et moyennes, pour susciter ou soutenir les premières tentatives et pour faciliter, par des prêts sagement consentis dans la mesure variable de leurs ressources et des nécessités, la réalisation des projets correspondant à des besoins avérés.

Afin de mettre en relief l'action féconde des Caisses sur les transformations de l'habitation ouvrière, la circulaire annonce la création — réalisée depuis — d'une rubrique spéciale à cet objet dans les comptes rendus annuels de leurs opérations. Les Caisses trouveront, d'ailleurs, le Ministère tout disposé à leur fournir toutes les indications utiles sur le régime des habitations à bon marché, déterminé par la loi du 30 novembre 1894. (Voir le n° 625.) (Circ. min. 10 mars 1897.)

458. **Avances à consentir à l'Etat en vue de l'établissement de réseaux et de circuits téléphoniques**. — Ces avances ne peuvent être consenties que lorsque le réseau et le circuit ont pour premier objet de relier la Caisse à toutes ou à plusieurs de ses succursales ou même à une seule. Ce point est complètement laissé à l'appréciation des Conseils des Directeurs, qui jouissent à cet égard de la plus complète liberté et n'ont à recevoir d'injonction d'aucune autorité administrative.

459. Par contre, l'opération dont il s'agit est rigoureusement interdite toutes les fois que le circuit téléphonique a pour objet de relier entre elles d'autres localités que celle où la Caisse a son siège et celles où elle possède des succursales.

460. Aux termes des lois des 16 juillet 1889 et 20 mai 1890, les avances susvisées ne sont pas productives d'intérêts de la part de l'Etat, et elles sont remboursables sur les produits de l'exploitation. Afin de parer aux risques de pertes, les Caisses devront donc exiger des communes ou des départements intéressés à l'opération, la garantie d'un intérêt qui, actuellement, ne peut être inférieur à 3 0/0.

461. Ces avances ne doivent pas être comprises dans les valeurs locales. Elles figureront à la colonne 12 du tableau I avec mention spéciale à la colonne des observations, pour indiquer la nature particulière de cette sorte de placement. Les intérêts payés par les communes seront inscrits dans la partie du contrôle réservée à l'indication des revenus produits par chaque genre de placement. Le montant des remboursements effectués chaque année par l'Etat sera inscrit, toujours avec mention spéciale à la colonne des observations, à la colonne 3 (Dons et legs et recettes diverses).

Chaque année, les Caisses devront produire à l'appui et comme annexe du tableau I, un compte détaillé des avances qu'elles auront été autorisées à consentir pour l'établissement de réseaux et lignes téléphoniques. (Voir le n° 654.)

462. C'est sur les bonis annuels qu'il est préférable d'imputer les avances susmentionnées, en ne les prélevant sur le capital de la fortune personnelle qu'en cas d'insuffisance.

463. M. le Ministre rappelle la partie de sa circulaire du 13 février 1901 relative aux placements illégaux (n° 439) et ajoute : « Si je venais à être informé que des prêts directs ont été faits aux communes pour l'établissement de réseaux et lignes téléphoniques, ou que ces circuits étaient appelés à relier d'autres centres que ceux de la Caisse et de ses succursales, je me verrais forcé, malgré l'intérêt très vif que je porte à la prompte extension du réseau téléphonique général, de rescinder ces opérations illégales, ainsi que mes prédécesseurs ont dû déjà le faire parfois et à prescrire un remboursement immédiat, nonobstant toute stipulation de délai et toute clause particulière ». (Circ. min. 2 mai 1901.)

464. Caisses de retraites pour le personnel. — Un certain nombre de Caisses, dans une pensée de prévoyance éminemment louable, et qui semble rentrer à juste titre dans l'objet de l'institution, ont organisé, en faveur de leur personnel, des Caisses de retraites alimentées par des retenues sur les traitements des agents et par des subventions qu'elles allouent.

Le Gouvernement n'a pas à en approuver l'établissement qui n'a été, non plus, réglé par aucune instruction ; les questions de propriétés pouvant en résulter doivent être, d'ailleurs, réservées.

Ces caisses de retraites doivent être envisagées comme une forme particulière de rémunération que le Conseil des Directeurs, en vertu des statuts, a seul qualité pour déterminer. C'est en partant de ce principe que l'Administration ne s'est pas reconnu le droit d'intervenir, même pour approuver les règlements proposés.

Elles ne sauraient, à aucun titre, avoir le caractère d'établissements distincts des Caisses d'épargne qui les ont créés. Ce sont celles-ci, en définitive, qui se chargent d'encaisser les retenues et de servir les retraites, dans certaines conditions déterminées à l'avance, et les subventions qu'elles accordent ne sortent pas non plus de leur fortune.

465. Ces caisses de retraites, malgré la dénomination qui leur a été donnée, ne peuvent, dès lors, motiver que l'ouverture d'un compte spécial, formant une *subdivision* de la fortune personnelle des Caisses d'épargne, de même que les immeubles ou les rentes sur l'Etat, compte auquel on doit porter le produit des retenues et le montant des subventions, ainsi que les intérêts provenant de ces diverses ressources et qui sont capitalisés chaque année

466. D'un autre côté, les retenues opérées sur les traitements se traduisant par une diminution de dépense, il conviendra de ne mentionner au compte des *frais généraux* et à la colonne 8 du tableau I que les sommes réellement payées au personnel, et qui, suivant les principes admis en la matière, ont fait l'objet d'un versement effectif.

467. Plus tard, les retraites servies devront pareillement figurer dans ledit tableau I, à titre de dépenses, sauf à en indiquer le montant par une note spéciale.

468. Enfin, à la décomposition des placements de la fortune personnelle, il y aura lieu de mentionner le chiffre auquel s'élève la partie de la fortune de la caisse représentée par les capitaux formant la caisse des retraites (Circ. min. 8 mars 1890, lettre J.)

469. Les instructions ci-dessus paraissant avoir été perdues de vue par plusieurs Caisses, M. le Ministre, dans le but de se rendre compte du fonctionnement et de la situation de ces institutions, a demandé, par sa circulaire du 25 février 1896, la production d'un tableau annexé à cette circulaire, le règlement de la Caisse de retraite et tous renseignements utiles.

470. Libéralités. — Toute libéralité, quelle qu'en soit la nature, est rigoureusement interdite. (Voir le n° 494.)

471. Seules, les Caisses dont la fortune personnelle représente au moins 2 0/0 des dépôts sont autorisées à employer un cinquième de leur boni annuel en augmentation d'intérêts sur les livrets dont les retraits et les versements, y compris le solde antérieur, n'auront pas dépassé 500 francs pendant le courant de l'année.

472. Ne sauraient être, toutefois, considérées comme des libéralités, lorsque leur montant est peu élevé, les sommes que certaines Caisses consacrent à des emplois qui ont pour but de stimuler l'épargne et de développer, au moyen d'encouragements, l'action bienfaisante de l'institution.

L'Instruction de 1893 dit à ce sujet : « Une Caisse possédant des ressources importantes pourrait, sans autorisation, prélever sur ses bénéfices annuels une somme minime qu'elle répartirait en livrets à distribuer aux enfants des écoles, ou qu'elle affecterait à d'autres emplois propres à stimuler l'épargne et à accroître le nombre des déposants. (Voir les n°s 480 et 481). (N°s 47 Instr. 1893, et 13 Instr. 1895 ; Circ. min. 8 décembre 1899.)

473. La Circulaire ci-dessus rappelle le n° 18 de l'Instruction de 1895, en ce qui concerne l'interdiction des libéralités au profit des institutions locales d'assistance ou de bienfaisance. Elle fait savoir que des instructions formelles seront envoyées aux comptables municipaux et hospitaliers, leur interdisant d'encaisser les subventions ou libéralités accordées directement ou indirectement par les Caisses aux communes ou aux établissements dont ils sont receveurs. (Circ. min. 8 décembre 1899.)

474. Jetons de présence. — La Commission supérieure des Caisses d'épargne, saisie par le Département du Commerce de l'examen des conditions dans lesquelles certaines Caisses avaient cru pouvoir allouer des jetons de présence aux membres de leurs Conseils d'administration, a émis l'avis de principe « qu'est contraire au principe de gratuité des fonctions d'Administrateur des Caisses, tout jeton de présence qui peut être considéré comme un salaire ».

Cet avis, partagé par le Ministère, tend à mettre un terme aux pratiques abusives de certaines Caisses dans lesquelles le jeton de présence, par la valeur qui lui était attribuée ou par la manière dont il était distribué, arrivait à constituer une véritable rémunération.

475. L'usage des jetons est admis, mais seulement lorsque, par leur valeur intrinsèque, ces jetons de présence doivent être envisagés surtout comme un témoignage honorifique accordé aux personnes qui veulent bien consacrer leur temps et leurs soins au service des Caisses. (N° 5 Instr. 1893 ; Circ. min. 24 janvier 1901.)

476. Emission de bons ou timbres. — Les Caisses sont autorisées à émettre des bons ou timbres d'un prix inférieur à 1 franc et à recevoir ces coupures lorsque, réunies, elles représentent le montant du versement minimum autorisé. (6° alinéa de l'art. 8 de la loi de 1895.)

477. Livrets scolaires. — Le procédé ci-dessus indiqué est un de ceux destinés à encourager le développement des livrets scolaires. L'innovation de la loi précitée a fait disparaître les difficultés et les inconvénients qui résultaient de l'établissement dans les écoles de véritables caisses ou tirelires. Elle a simplifié et facilité le rôle de l'instituteur qui se borne à remettre aux enfants des bulletins ou cartons préparés par la Caisse, et sur lesquels sont apposés les timbres-épargne de cinq ou dix centimes, à faire le relevé de ces bulletins et à les remettre, dès que le montant en a atteint un franc, à la Caisse d'épargne, qui porte ces sommes au compte de l'enfant.

478. Sur les détails de fonctionnement du système, notamment sur le maximum des versements à accepter, sur le contrôle à établir, sur les moyens pratiques de rendre le livret personnel à l'enfant, de lui conserver son caractère scolaire, il appartient à chaque Caisse d'établir une réglementation précise et de s'entendre avec les instituteurs.

479. M. le Ministre rappelle qu'aux termes du n° 25 de l'Instruction de 1895, les livrets scolaires ne donnent pas lieu à la contravention prévue par l'article 18 de la loi de 1895 et la loi du 6 avril 1901, s'ils restent entre les mains de l'instituteur et ne se trouvent pas en la possession des enfants ou des parents. (N° 86.) Il ajoute que son Département est disposé à examiner avec le plus bienveillant intérêt les difficultés que pourrait soulever l'application de ces dispositions.

480. En vue d'encourager le zèle des instituteurs, les Caisses pourront leur allouer des primes basées, par exemple, sur le nombre des livrets scolaires ouverts par leurs soins ; ces encouragements, pourvu que leur montant en soit peu élevé, rentrent dans les emplois qui, aux termes du n° 18 de l'Instruction de 1895, ont pour but de stimuler l'épargne.

481. Les Caisses répondraient de même au vœu du législateur, en allouant aux titulaires des livrets scolaires des primes qui pourraient être proportionnées au nombre des versements.

482. M. le Ministre ne doute pas que tous les Conseils des Directeurs ne tiennent à honneur de conquérir la jeunesse scolaire aux idées et aux habitudes de l'épargne. Il demande à chaque Caisse de lui faire connaître, aussitôt que possible, les mesures prises et les résultats obtenus. (Circ. min. 9 mars 1904.)

SUCCURSALES

RENOUVELLEMENT DES CONSEILS DE DIRECTION.
PRÉSENCE DES ADMINISTRATEURS AUX SÉANCES. — BORDEREAU DE CONTROLE.
BORDEREAU DE SITUATION SOMMAIRE. — VIREMENTS.
REMISE DES INSCRIPTIONS DE RENTE, ETC.

483. Création de succursales. — Toute Caisse d'épargne a, de plein droit et par le seul fait de son autorisation, la faculté d'établir des succursales partout où elle le juge convenable. (Voir, toutefois, les n°s 495 à 497). Il est recommandé aux Caisses de se renfermer dans leur circonscription naturelle, limitée aux localités qui, à raison soit des communications, soit du courant des affaires, ont plus spécialement leurs relations avec la ville où elles ont leur siège.

484. Il ne peut être créé de succursales en dehors du concours et de la volonté des Caisses, parce que toute succursale est, par sa nature, une annexe qui n'a pas d'existence propre et qui se rattache nécessairement à une Caisse autorisée. On ne saurait donc contraindre une Caisse à recevoir contre son gré des annexes dont les opérations feront partie intégrante de ses propres opérations et s'accompliront sous sa responsabilité.

485. Les Caisses hésitent le plus souvent à organiser des succursales, dans la crainte de s'imposer un supplément de charges sans compensation. Il est incontestable qu'à ses débuts une succursale donne lieu, presque toujours, à des frais de gestion supérieurs aux bonifications qu'elle perçoit sur ses dépôts ; mais ce fait est essentiellement transitoire. D'ailleurs, il ne devrait toucher que les Caisses dont le budget est strictement en équilibre et dont les recettes (quel que soit le taux de la retenue exercée) suffisent seulement à couvrir les dépenses. Quant aux Caisses dont les bonifications annuelles excèdent notablement les dépenses d'administration, ou qui, balançant leurs dépenses avec ces bonifications, possèdent, en outre, une fortune personnelle dont le revenu se capitalise chaque année, elles n'ont pas de meilleur emploi à faire de ce revenu ou d'une portion de cet excédent, que de le consacrer à soutenir des succursales.

486. Les Caisses même dont les revenus, pris dans leur ensemble, correspondent seulement aux frais annuels de gestion, ne doivent pas se croire empêchées par cette situation d'ouvrir, elles aussi, des succursales. Par l'entremise des Préfets, qui ne leur fera jamais défaut, elles peuvent s'entendre avec les Conseils municipaux des communes où les succursales seraient créées, pour obtenir de ces communes l'engagement de couvrir, par une subvention annuelle, l'excédent des dépenses de leur succursale sur ses bonifications aussi longtemps que celles-ci laisseront un déficit.

487. Les Caisses restent toujours libres de revenir sur leur décision si, après quelques années d'expériences, les succursales ne réalisent pas les espérances que l'on aurait conçues, et ne parviennent pas à recueillir assez de dépôts pour subvenir entièrement, avec leurs propres bonifications, à leurs propres besoins.

488. Pour fermer comme pour ouvrir des succursales, les Caisses n'ont aucune formalité à remplir, aucune autorisation à demander, aucune approbation à obtenir ; ni l'administration centrale, ni l'administration départementale n'ont à faire acte de pouvoir. C'est une conséquence nécessaire de ce principe que les succursales sont dépourvues d'existence propre. (En cas de suppression, voir le n° 720.)

489. Pour organiser une succursale, il n'y a pas de statuts à voter, puisqu'il s'agit d'une annexe qui est, inévitablement, régie par les statuts de la Caisse dont elle dépend. Par le même motif, il n'y a pas de règlement intérieur à arrêter ; tout au plus peut-il être parfois utile d'ajouter au règlement intérieur de la Caisse fondatrice, certains articles supplémentaires qui sont alors sans doute, comme le règlement même dont ils font partie, soumis à l'approbation ministérielle ; mais, le plus souvent, le service de la succursale est réglé par le Conseil des Directeurs des Caisses fondatrices, agissant dans la plénitude de son indépendance (sauf en ce qui concerne le cautionnement du Sous-Caissier. (Voir *Cautionnements*, sous les n°s 581 à 616.)

490. Dans tous les cas, pour créer une succursale, il suffit d'une délibération du Conseil des Directeurs qui indique le lieu où elle aura son siège et la classe à laquelle elle appartiendra. En outre, la délibération détermine le nombre, le système de nomination et le mode de réunion et de votation des Directeurs de la succursale, si celle-ci est ouverte exclusivement par les soins de la Caisse fondatrice, ou si elle est ouverte, au contraire, de concert avec le Conseil municipal, la délibération des Directeurs vise celle du Conseil municipal qui prononce sur ces diverses questions et fixe, en même temps, la nature et l'étendue de l'appui donné par la commune.

491. Les Caisses sont engagées à rechercher toujours, en pareille matière, le concours des Conseils municipaux. Lors même qu'elles consentiront à faire seules les frais de leurs succursales, elles trouveront encore dans ce concours un patronage utile et un excellent moyen d'assurer le recrutement des Directeurs de leurs annexes.

492. Toutefois, quant à ce recrutement, elles ne doivent pas oublier de se réserver la nomination des Directeurs. Il est convenable, sans doute, d'appeler à siéger parmi eux, comme membre de droit et président-né, le maire de la commune ; il est juste de stipuler que les Directeurs seront nommés sur la présentation du Conseil municipal, dans le sein duquel il en sera pris un nombre déterminé, surtout si la commune s'oblige, soit à allouer une subvention fixe à la succursale, soit à couvrir en partie ou en totalité l'excédent de ses dépenses sur ses recettes. Mais il faut se garder d'attribuer aux Conseils municipaux la nomination même des Directeurs des succursales, car de ce que celles-ci opèrent nécessairement sous la responsabilité des Caisses dont elles relèvent, il résulte que les Administrateurs chargés de leur gestion ne peuvent être élus que par ces Caisses. (Circ. min. 12 janvier 1861 et 19 août 1864.)

493. Renouvellement périodique des Administrateurs. — Les Conseils doivent tenir rigoureusement la main au renouvellement périodique des Administrateurs des succursales suivant les conventions qui sont intervenues pour la fondation de ces annexes. (N° 54 Instr. 1893.)

494. Conventions interdites. — Les conventions que passent les Caisses avec les municipalités, en vue de l'ouverture des succursales, ne doivent pas porter abandon à la commune de tout ou partie des bénéfices réalisés par ces annexes. L'attribution de ces bénéfices a été critiquée par la Cour des comptes comme constituant des libéralités interdites aux Caisses. (N° 47 Instr. 1893.)

495. Interdiction de créer dans la même localité deux établissements d'épargne. — L'existence *d'une Caisse d'épargne ou d'une succursale* dans une localité interdit à une autre Caisse de s'y établir ou d'y créer une succursale.

496. Aucune Caisse d'épargne ne sera autorisée dans une localité pourvue d'une succursale, tant que cette dernière n'aura pas été supprimée par une décision expresse du Conseil des Directeurs de la Caisse qui l'aura fondée.

497. Si une Caisse organisait une succursale dans une localité où il en existerait déjà une relevant d'une autre Caisse, des mesures seraient prises pour que la nouvelle succursale fût fermée. (N°s 56 Instr. 1893 et 39 Instr. 1895.)

498. Distinction à établir entre les succursales. — Les succursales se divisent en deux classes, suivant le mode d'organisation qu'elles reçoivent des Caisses dont elles dépendent. (N° 97 Instr. 1857.)

499. Succursales de 1re classe. — Ces succursales sont à proprement parler des *Caisses annexes*. Elles doivent être installées dans un local qui leur soit affecté à titre exclusif et permanent, y posséder une Caisse à deux clefs, et avoir un Sous-Caissier spécialement chargé de leur service. (N° 98 Instr. 1857.) Elles ont une comptabilité particulière, rattachée ensuite à la comptabilité centrale de la Caisse dont elles relèvent et possèdent, en outre, d'une manière générale, une liberté d'action plus étendue que celle des succursales de 2e classe.

L'Instruction de 1857, sous les n°s 99 à 102, énumère les chapitres dont les dispositions leur sont communes avec les Caisses d'épargne, les pièces qu'elles ont à fournir et les livres qu'elles ont à tenir.

500. Succursales de 2e classe. — Leur service. — Surveillance de leur gestion. — Ces succursales ne sont que des bureaux annexes. Elles sont ouvertes uniquement pour recevoir les versements, les demandes de remboursements, d'achats de rentes et de transferts de fonds et pour effectuer les remboursements, ou même seulement pour accomplir telles de ces opérations auxquelles leurs pouvoirs ont été limités par les Caisses dont elles dépendent. Elles n'ont pas de comptabilité particulière. Elles n'ont à tenir d'autres écritures que celles qui doivent être passées en séance et n'ont de livre propre que leur registre matricule. A chaque séance ce registre est sorti de la Caisse d'épargne et y est réintégré, avec les bordereaux et procès-verbaux de la journée et les pièces à l'appui, par le Sous-Caissier chargé du service de la succursale. (N° 103 Instr. 1857.)

Nota. — D'après ce texte et celui du n° 489, les Caisses ont la faculté de restreindre ou d'étendre les pouvoirs de leurs succursalistes et de leur imposer le mode de contrôle qui leur convient; aussi peut-on dire qu'il y a presque autant de systèmes que de Caisses centrales.

Mais les Caisses doivent obligatoirement observer les règles tracées par les Instructions pour le cautionnement, le service en séance du Succursaliste et de l'Administrateur, et pour le travail qui en découle.

Quant aux opérations qu'elles auront permises à leurs succursalistes, il va de soi qu'il leur appartient de signaler aux intéressés les instructions qu'ils doivent suivre, soit en matière de *versements* ou de *remboursements*, soit en ce qui concerne les *achats de rentes*, les demandes de *transferts* et de *duplicata*, les *inscriptions aux livrets*, etc., etc.

501. Lorsque la succursale est ouverte au public, les Administrateurs de service doivent être présents à toutes les opérations (voir le n° 63) et apposer, séance tenante, leur visa sur les livrets. (Voir le n° 79.) Ils tiennent les bordereaux de contrôle indiqués aux n°s 65 et 66 et les rapprochent de ceux du Caissier (Voir le n° 69), ainsi que du bordereau de situation sommaire (Voir le n° 506.)

Nota. — Dans la plupart des succursales, le service étant assuré par le Caissier seul, assisté de l'Administrateur, nous ne pensons pas que le n° 67 leur soit applicable; la disposition du 4e alinéa du n° 63 est, d'ailleurs, suffisante pour le cas où l'Administrateur serait empêché de faire son service.

502. Les Caissiers succursalistes remplissent leurs fonctions sous la surveillance du Caissier de la Caisse d'épargne; leurs opérations doivent faire partie intégrante de la gestion du Caissier.

[Indépendamment de cette surveillance, il est conseillé des vérifications sur place, faites par le Caissier central, assisté de membres du Conseil. (N° 14 Instr. 1893.] (Voir le n° 416.)

503. Les Caissiers succursalistes forment des bordereaux détaillés des versements qui leur sont faits et des remboursements qu'ils opèrent. (Voir le n° 62.) Ils dressent et certifient, séance tenante, conjointement avec les Administrateurs délégués auprès de la succursale, des procès verbaux résumant et constatant les opérations de chaque jour de recette ou de remboursement, ainsi que l'état de la caisse. (Voir les n°s 505 à 507.)

504. Les fonds existant entre les mains des succursalistes sont transmis sans délai à la Caisse d'épargne, ainsi que les bordereaux, procès-verbaux, et pièces à l'appui, et le Caissier rattache à sa comptabilité les opérations de la succursale, comme *s'il les eût effectuées personnellement.* (Voir les n°s 508 à 510.) (Articles 3, 4 et 13 du décret du 15 avril 1852 ; n° 14 Instr. 1893.)

505. Bordereau de situation sommaire. — A l'issue de chaque séance d'opérations il est établi un bordereau de situation sommaire (modèle n° 2).

506. L'Administrateur de service le rapproche des bordereaux de contrôle, en arrête en toutes lettres le total des versements et celui des remboursements de la séance, le signe et le transmet à la Caisse principale.

507. Ce bordereau est ensuite transmis à la Recette des finances par l'intermédiaire, soit du Président ou d'un membre du Conseil des Administrateurs, soit de l'Agent général ou du Contrôleur si celui-ci est nettement indépendant du Caissier. (Instr. 20 décembre 1901.)

508. **Comptes à ouvrir pour les succursales.** — Pour entrer complètement dans l'esprit de l'Instruction de 1857, il serait préférable de passer les écritures des opérations des succursales, non en bloc, mais au fur et à mesure de leur arrivée.

509. En outre, dans certains cas, il pourrait être utile de créer à la Caisse centrale un compte *Fonds attendus des succursales*, que l'on débiterait aux lieu et place du compte *Caisse* en attendant l'arrivée des espèces et qui, le jour de la réception, serait crédité par le débit dudit compte *Caisse*.

510. Ce compte ne serait, du reste, que le complément d'un autre compte à créer sous le titre « *Succursales, compte d'envois de fonds par la Caisse centrale* », lequel serait destiné à constater l'expédition puis l'arrivée dans les succursales des fonds partis de la Caisse centrale. (N° 13 Instr. 1893.)

511. **Virements entre succursales.** — Certaines caisses affectent à chaque succursale des livrets classés sous une série spéciale et qui ne peuvent servir que dans la succursale où ils ont été émis. Si le déposant change de résidence, il lui est remis, en échange de son livret primitif, un nouveau livret semblable à ceux qui sont en usage dans cette autre succursale. Cette opération qu'on appelle un virement n'est interdite par aucun règlement et les Caisses sont libres de l'adopter si elles ne la trouvent pas gênante pour leur clientèle.

512. Seulement, il en est qui, en cas de virement entre succursales, procèdent de la même manière que si le compte du déposant était soldé et ouvert à nouveau ; elles calculent les intérêts comme en cas de remboursement et de versement, d'où une perte d'intérêts pour le déposant. Cette manière de faire ne sera pas tolérée.

513. D'autres Caisses, au contraire, arrêtent le compte en capitaux et intérêts, comme en cas de transferts, et font indûment bénéficier le déposant d'une capitalisation d'intérêts effectuée en cours d'exercice, sans préjudice de celle qui a lieu en fin d'année.

514. La pratique qu'il importerait de voir se généraliser, est celle où il est admis que le livret pourra servir à des opérations faites à la Caisse centrale aussi bien qu'à l'une quelconque des succursales. (N° 15 instr. 1893.)

515. **Remise par l'intermédiaire des succursales des inscriptions de rentes achetées pour les déposants.** — Les succursalistes sont autorisés à remettre les titres de rentes directement aux déposants, sans pouvoir conserver ces titres en garde.

516. Tout déposant désireux de faire une acquisition de rente par l'intermédiaire d'une succursale, signera, en même temps que sa demande d'acquisition, une déclaration indiquant s'il désire laisser son inscription en dépôt à la Caisse centrale ou la retirer. Demande et déclaration seront adressées à la Caisse centrale. La déclaration comprendra, comme pour les remboursements (modèle n° 13 indiqué au 2e alinéa du n° 90) une partie destinée à être détachée plus tard pour constituer récépissé.

517. S'il désire retirer son inscription, le déposant sera invité, dès qu'avis de l'achat aura été adressé à la succursale, à signer une demande qui sera, à l'issue de la séance, transmise à la

Caisse centrale, par le Sous-Caissier, avec les documents concernant le service de la Succursale. Cette demande indiquera la date de la séance où le déposant devra retirer son titre. Il sera procédé de la même manière pour le retrait des inscriptions restées en dépôt à la Caisse centrale.

518. A la réception de la demande dont il s'agit, le Caissier la renverra au sous-caissier, sous pli recommandé, avec l'inscription de rente à remettre au déposant en échange du récépissé à détacher. Il conservera, à titre de pièce justificative, le bulletin remis par la poste, et il invitera directement le déposant à se présenter à la succursale au jour fixé pour l'une des séances hebdomadaires, afin de retirer son titre en le prévenant que, faute par lui de le faire, sa demande sera tenue pour nulle.

519. Au jour fixé, si le déposant se présente à la succursale, l'inscription de rente lui sera délivrée, contre sa signature, apposée sur le récépissé et préalablement confrontée avec celle qui figure sur la demande, afin d'en contrôler l'identité. Le récépissé sera ensuite revêtu du visa de l'Administrateur de service, constatant que l'opération s'est accomplie en sa présence ; il sera, enfin, renvoyé à la Caisse centrale.

520. Dans le cas où l'intéressé ne se présenterait pas et où sa demande de retrait serait tenue pour nulle, l'inscription de rente serait, immédiatement après la séance, renvoyée également sous pli recommandé, à la Caisse centrale où elle resterait en garde ; elle ne pourrait être retirée que moyennant une nouvelle demande et l'accomplissement des diverses formalités sus-mentionnées. (Circ. min. du 16 janvier 1900, modifiant partiellement le n° 102 de l'Instr. de 1857.)

521. Nota. — Le n° 102 précité est spécial aux succursales de première classe, mais nous pensons que les dispositions de la Circulaire du 16 janvier 1900 s'appliquent, également, à toutes celles des succursales de 2e classe qui ont reçu de leur Caisse le mandat de remettre aux déposants les titres de rentes achetés par leur intermédiaire.

PRESCRIPTION

COMPTES ABANDONNÉS. — RÉCLAMATIONS DES DOMAINES. — ANNULATION DE PIÈCES. — DISPOSITIONS TRANSITOIRES

522. Lorsqu'il s'est écoulé un délai de trente ans à partir tant du dernier versement ou remboursement que de tout achat de rente et de toute autre opération effectuée à la demande des déposants, l'intégralité des sommes que détiennent les Caisses d'épargne à leurs comptes sont *prescrites* à leur égard et réparties entre les Caisses d'épargne pour deux cinquièmes et les Sociétés de secours mutuels possédant des caisses de retraites pour les trois autres cinquièmes. (Art. 4 de la loi du 7 mai 1853, modifié par l'art. 20 de celle du 20 juillet 1895.)

523. En conséquence, les Caisses devront apporter la plus scrupuleuse attention à l'établissement de l'état n° 63 des comptes abandonnés, afin de n'y comprendre que ceux qui sont réellement restés sans aucun mouvement pendant trente ans. La moindre erreur en cette matière est, en effet, susceptible de les exposer à des réclamations qui, si elles étaient justifiées, les obligeraient à désintéresser de leurs deniers les parties lésées.

524. Quant au bordereau n° 64 des comptes abandonnés non retirés avant la fin de la trentième année, les Caisses sont expressément invitées à ne l'arrêter que le 1er janvier qui *suit* l'expiration de la période trentenaire. (N° 27 Instr. 1895; Circ. min. 17 mai 1897 et suivantes.)

525. Les dispositions suivantes s'appliquent également aux Institutions autorisées à avoir un compte de 15,000 francs, quelle que soit la nature de ces institutions. (N° 11 Instr. 1895.)

526. **Publication des comptes abandonnés**. — **Renseignements divers**. — Tous les comptes restés pendant trente ans sans aucun mouvement, *sauf ceux* dont le montant en capital et intérêts est inférieur à 5 francs, doivent, six mois avant l'expiration du la période trentenaire, être publiés au *Journal officiel* et dans *un* journal d'annonces judiciaires de l'arrondissement où est située la Caisse d'épargne dépositaire. (Voir le n° 557 et, pour l'état n° 63, le n° 532.)

(Par *montant en capital et intérêts*, il faut entendre le montant des comptes au 1er janvier de l'année de la publication.)

526[1] Les principes qui doivent guider les Caisses dans la supputation de la période trentenaire sont les suivants : (Voir, en outre, les nos 536 à 538.)

Pour procéder d'une manière uniforme, il a été établi que la fraction de l'année pendant laquelle a eu lieu la dernière opération n'entrait point en ligne de compte et que le délai de trente ans commençait seulement à courir du 1er janvier de l'année suivante ; par conséquent, la publication légale doit, comme il est dit ci-dessus, avoir lieu au 30 juin, six mois avant l'expiration de la période trentenaire, qui prend fin au 31 décembre inclus.

527. Cette période expirée, c'est-à-dire le 1er janvier de l'année suivante, il y a lieu d'appliquer, aux comptes publiés le 30 juin de l'année précédente — ainsi qu'aux comptes non publiés — et qui n'ont pas été retirés du 1er juillet au 31 décembre inclus, les dispositions de l'article 20 de la loi du 20 juillet 1895, c'est-à-dire la *prescription*. (Voir le n° 545.)

Par suite, les comptes abandonnés *de 5 francs et au-dessus*, dont la dernière opération aura eu lieu au cours des années 1875, 1876, 1877 et 1878, seront successivement publiés au 30 juin 1905, 1906, 1907 et 1908 ; ils seront respectivement prescrits, *y compris* les comptes au-dessous de 5 francs *non publiés*, à partir du 1er janvier 1906, 1907, 1908 et 1909, et devront figurer dans les comptes rendus de ces dernières années, 1906, 1907, 1908 et 1909. (N° 50 Instr. 8 janvier 1897 ; Circ. min. 17 mai 1897 et suivantes, 5 mai 1905.)

528. Ainsi que l'indique le n° 526 ci-dessus, la publication légale doit être faite dans *un seul* journal d'annonces judiciaires de l'arrondissement et non dans plusieurs comme le font certaines Caisses. Par suite, il n'en sera plus remboursé qu'une seule, et pour cette publication *unique*, les Caisses devront se préoccuper de réduire le montant des frais au strict nécessaire.

528[1]. Mais en dehors de cette publication légale et pour donner une publicité plus grande, les Caisses pourraient chercher à obtenir la publication *à titre gracieux* dans les journaux locaux du siège de leurs succursales, des comptes abandonnés qui intéressent ces succursales.

529. L'avance des frais de publicité locale sera portée au compte *Frais généraux* qui se solde en fin d'année par le débit du compte *Profits et Pertes*, jusqu'à ce que cette avance ait été remboursée après vérification ; *ce dernier compte* sera ensuite crédité, le cas échéant, du montant de l'émolument proportionnel revenant à la Caisse. (Circ. min. 24 mars 1897, 9 mai 1904 et 5 mai 1905.)

530. Dans le cas où, pour une cause quelconque, des comptes abandonnés remontant à une époque antérieure *à l'année dont on s'occupe* n'auraient encore fait l'objet d'aucune publication, ou auraient été insérés seulement soit au *Journal officiel*, soit au journal local, *sans que cette publication eût été simultanée*, il y aurait lieu de les ajouter, pour régularisation, à la publication que l'on prépare.

531, Devraient pareillement y être compris, les comptes qui, remontant à cette même année, auraient été indûment publiés les années précédentes par anticipation.

532. Etat n° 63. — L'état nominatif à fournir en double exemplaire au Ministère continuera à être conforme au modèle n° 63 donné par le n° 119 de l'Instruction de 1857.

Il contiendra toujours, à la fin, un résumé présentant le total du *nombre* et du *montant* des comptes abandonnés, avec indication du *nombre* et du *montant* de ceux qui sont au-dessous de 5 francs *bien qu'ils ne figurent pas dans ledit état.*

Il y aura lieu d'ajouter le total du *nombre* et du *montant* des inscriptions de rentes appartenant aux titulaires des comptes abandonnés figurant dans l'état, lorsqu'elles sont restées déposées à la Caisse. (Voir le n° 574.)

533. L'année à laquelle se rapporte l'état doit être mentionnée dans les énonciations placées en tête du tableau, *surtout lorsque l'état est négatif.* Ces énonciations doivent être conformes au texte indiqué dans la Circulaire du 17 mai 1897, dans lequel il est tenu compte des modifications résultant de la législation en vigueur.

533[1]. En outre, il doit être spécifié que sont exceptés de la publication les comptes dont le montant en capital et intérêts est inférieur à 5 francs, et l'on doit viser expressément, à la suite des articles 4 de la loi du 7 mai 1853 et 20 de celle du 20 juillet 1895, l'article 56 de la loi de finances du 22 avril 1905.

534. Cet état devra être transmis à la Préfecture *le 15 mai au plus tard.*

535. Il pourra être modifié dans les termes de la Circulaire du 3 juin 1878 pour l'exemplaire à insérer au journal d'annonces judiciaires de l'arrondissement et pour l'un de ceux à fournir au Ministère.

Dans ce cas, il faudra indiquer *très lisiblement* les renseignements, non sous forme de tableau, mais groupés dans un relevé, comme il est procédé au *Journal Officiel*, et dans l'ordre suivant pour chaque compte : le numéro du livret ; les nom et prénoms du déposant ; le nom d'alliance et de naissance, s'il s'agit d'une femme mariée ; la date du premier versement ; la profession et l'âge à l'époque du premier versement ainsi que l'état de minorité à la même époque, si cette indication ne résulte pas de la mention de l'âge ; enfin, la date et la nature de la dernière opération qui fait courir le délai de trente ans, et le montant du compte. Il sera préférable d'employer, pour désigner la nature de la dernière opération, les expressions usuelles de *versement*, de *remboursement*, d'*achat* ou de *remise* de rente et, s'il y a lieu, de *présentation du livret pour l'inscription des intérêts.* (Circ. min. 3 juin 1878 ; 17 mai 1897 et suivantes ; Circ. min. 5 mai 1905.)

536. Point de départ du délai de trente ans pour les comptes soumis à une condition à échéance déterminée. — Si le remboursement du livret ne peut avoir lieu qu'à une échéance déterminée, par exemple, à partir de telle époque ou de la majorité du titulaire dont l'âge est connu de la Caisse, la cessation de la condition n'est soumise à aucune éventualité. Dans ce cas, le délai de trente ans ne court qu'à partir de la date *fixe* à laquelle le livret conditionnel aurait pu être remboursé.

537. Si, au contraire, le remboursement a été subordonné au mariage du titulaire ou à l'obtention d'une autorisation quelconque, ce fait peut ne pas s'être réalisé ; en tout cas, la Caisse en ignore la date et l'existence. L'échéance est donc incertaine et la Caisse fera courir la période trentenaire *à partir de la dernière opération* effectuée et relatée sur les livres de l'établissement. (N° 28 Instr. 1895.)

538. A l'égard des sommes déposées pour le compte des remplaçants dans les armées de terre et de mer, le délai de trente ans ne court *qu'à partir* de l'expiration de leur engagement.

539. **Causes d'interruption et de suspension de la prescription**. — La loi du 7 mai 1853 exige, pour le point de départ du délai de trente ans, une opération faite à la demande du déposant. Elle exclut par là même, toutes les opérations qui s'effectuent sans l'intervention du titulaire du livret et dont il ne reste pas trace dans les livres de la Caisse. (Voir, toutefois, les n°s 557 à 561.)

Mais pendant la période trentenaire et surtout après la publication faite six mois avant son expiration, certaines circonstances peuvent se produire qui sont de nature à interrompre la prescription, *bien qu'il ne s'agisse pas d'une opération proprement dite*.

540. Par exemple, il y a *interruption* de la prescription et par conséquent ouverture d'un nouveau délai de trente ans :

Quand les héritiers ou les ayants droit d'un déposant décédé font, personnellement, auprès de la Caisse ou par l'entremise d'un notaire, en vue d'obtenir le retrait des fonds déposés par leur auteur, des *démarches* établissant, à leur profit, *une présomption suffisante* pour motiver leurs prétentions.

541. Il y a *suspension* de la prescription quand un compte est frappé d'une saisie-arrêt ou d'une opposition.

Ces mesures conservatoires peuvent n'être suivies d'aucune solution. Elles n'auront d'effet que pendant cinq ans à partir de leur date, à l'expiration de ce délai elles seront rayées d'office si elles n'ont pas été renouvelées.

542. Si l'opposition a été formée moins d'un an avant l'expiration de la période trentenaire, elle suspend la prescription pendant le temps requis pour que la péremption annule l'acte en question. Il faudra, dès lors, pour obtenir la nouvelle date de prescription, ajouter aux trente ans les délais nécessaires pour compléter les cinq ans exigés par la loi pour la péremption. Ainsi la prescription sera appliquée à la fin de la 31e, 32e, 33e, 34e et 35e année, suivant que l'opposition aura été reçue pendant la 26e, 27e, 28e, 29e ou la 30e année.

543. Seulement, en pareil cas, comme il y aurait non pas interruption, mais suspension de la prescription, il ne serait pas nécessaire de publier à nouveau les comptes six mois avant l'application de la prescription (N° 29 Instr. 1895.)

544. **Répartition entre les Caisses d'épargne et les Sociétés de secours mutuels du produit net des comptes abandonnés atteints par la prescription**. — Cette répartition est faite comme il est dit au n° 522. Les dépenses afférentes aux insertions locales, à la publication dans le *Journal officiel* et à la préparation matérielle de cette publication constituant une charge inhérente à l'opération, il a été établi que le partage entre les Caisses et les Sociétés s'opérerait sur le produit *net* et non sur le produit brut du total des sommes atteintes par la prescription. Ces frais seront supportés par les bénéficiaires dans la même proportion que celle indiquée par la loi pour la répartition des sommes prescrites. Seulement, afin de faciliter l'exécution de cette mesure, les Caisses feront l'avance des frais de la publication locale, ainsi qu'il est dit au n° 529. Elles se conformeront, pour l'application de la prescription, aux dispositions suivantes :

545. **Application de la prescription**. — **Bordereau N° 64**. (Voir les n°s 524 et 550). En vue de l'établissement du bordereau des comptes prescrits, les Caisses arrêteront au 31 décembre, *en capitaux et intérêts*, tous ceux des comptes abandonnés qui resteront à cette époque, tant des comptes publiés au 30 juin, que de ceux au-dessous de cinq francs non publiés. *Elles en excepteront toutefois :*

1° *les comptes qui auront fait l'objet d'une opération du 1er juillet au 31 décembre inclus ;*

2° *ceux qui auront fait l'objet d'une démarche considérée comme interruptive de la prescription ;*

3° *ceux qui auront été frappés d'une opposition suspendant l'application de la prescription ;*

4° *ceux qui, à leur connaissance, auront donné lieu, depuis moins de 30 ans, à la présentation du livret pour inscription des intérêts.* (Voir le n° 557.)

Les comptes en dehors de ces quatre catégories seront les comptes prescrits. Les Caisses les relèveront en deux groupes (comptes publiés, comptes non publiés), sur un bordereau (modèle n° 64) établi en double expédition, en indiquant, pour chaque groupe, le nombre et le montant des comptes ; elles les totaliseront ensuite conformément aux indications dudit bordereau.

546. Le bordereau contiendra : premièrement le relevé des comptes *prescrits* comme il est dit ci-dessus ; deuxièmement le coût de la publication au journal d'annonces judiciaires.

Il y sera joints : premièrement un exemplaire dûment légalisé de la feuille d'annonces contenant la publication ; deuxièmement une copie certifiée conforme du mémoire des frais de la publication locale délivrée par le représentant du journal où elle a eu lieu, et, à titre de renseignements, le tarif des insertions commerciales du journal.

547. Ces documents seront adressés chaque année *directement au Ministère du Commerce avant le 20 janvier.*

548. Ils seront fournis à titre négatif avec la mention *Néant* apposée sur les bordereaux, lorsque aucun compte n'aura été publié ou que, pour tous les comptes publiés, la prescription aura été interrompue.

Seulement, dans ce dernier cas, les frais de publication devront être indiqués et justifiés.

549. L'un des bordereaux sera ultérieurement renvoyé à la Caisse avec annotation lui faisant connaître, s'il y a lieu, sa part proportionnelle dans le produit net. (N° 30 Instr. 1895, modifié partiellement par la Circ. min. du 24 mars 1897 ; Circ. min. 2 février 1903 et 5 mai 1905.)

550. Ces bordereaux doivent être établis avec soins. Certaines Caisses en ont adressé qui présentaient des erreurs d'addition, occasionnant un retard sensible dans les travaux de la répartition générale des comptes prescrits. (Circ. min. 9 mai 1904 et 5 mai 1905.)

551. **Renseignements demandés par les Domaines.** — Les Caisses ne devront pas, jusqu'à nouvel ordre, déférer aux injonctions de l'Administration des Domaines, ni ouvrir leurs archives à ses agents.

Lorsque des comptes abandonnés seront réclamés par cette administration à la suite de la publication de juin, les Caisses devront en aviser le Ministère en lui faisant connaître sous quelle forme et de quelle manière se sera produite cette réclamation. Elles devront également transmettre copie des documents qui y seraient afférents. (Circ. min. 10 décembre 1898, 23 avril 1900 et suivantes.)

552. **Annulation de pièces ayant plus de 30 ans de date.** — Les Caisses sont autorisées à se décharger de toutes quittances et pièces et de tous livrets qui ont plus de 30 ans de date. (Dernier alinéa de l'article 14 de la loi du 9 avril 1881.)

553. Le Conseil d'Etat appelé à examiner quelle interprétation il convenait de donner à ce paragraphe, a, le 2 août 1892, émis l'avis — applicable aux Caisses d'épargne ordinaires — que la Caisse postale doit conserver sans distinction tous les livrets remboursés ou non remboursés qui n'ont donné lieu à opération depuis moins de 30 ans. (N° 29 Instr. 1893.)

554. En vue de la décharge des pièces, on dresse, au commencement de chaque année un procès verbal sommaire d'annulation constatant le nombre et la nature des pièces dont il s'agit ; le procès verbal est signé du Président et du Secrétaire du Conseil d'administration et de chacun des agents de la Caisse chargés de la garde et de la conservation des dites pièces. (N° 123 Instr. 1857.)

555. **Prescription. — Dispositions transitoires résultant de la jurisprudence introduite par un arrêt de la chambre civile de la Cour de cassation, en date du 7 janvier 1903.** — Aux termes de cet arrêt : « le fait de la part du titulaire d'un livret ou de la part de son mandataire, de représenter ce livret à la Caisse d'épargne pour y faire inscrire les intérêts échus, *caractérise une opération* rentrant dans les termes des lois des 7 mai 1853 (art. 4) et 20 juillet 1895 (art. 20). »

556. En attendant une solution définitive de la question, les Caisses devront considérer l'inscription des intérêts sur le livret comme faisant obstacle à l'accomplissement de la déchéance trentenaire.

Elles devront *garder trace désormais* de ces opérations dans leurs livres de comptes courants, en la forme qu'elles jugeront convenable et ne point se dessaisir des livrets déjà frappés de prescription qu'elles auraient encore en leur possession.

557. Les Caisses n'en devront pas moins poursuivre, comme par le passé, les travaux règlementaire relatifs à la prescription, en conformité des instructions antérieures, sauf à ne point comprendre dans l'état des publications et dans le bordereau des comptes prescrits les comptes qui, à leur connaissance, auraient donné lieu, depuis moins de 30 ans, à présentation du livret pour inscription des intérêts.

558. En ce qui concerne ceux de ces comptes qui, nonobstant présentation des livrets depuis moins de 30 ans auraient donné lieu à l'application de l'article 4 de la loi du 7 mai 1853 et de l'article 20 de la loi du 20 juillet 1895 et qui feraient l'objet de réclamations des intéressés, les Caisses auraient à en opérer sur pièces justificatives, *la reconstitution, et, s'il y a lieu, le remboursement*, soit en capital et en intérêts, soit en titres et arrérages de rente, suivant le cas, comme si la déchéance trentenaire n'avait pas été encourue.

La Caisse intéressée sera couverte de cette dette nouvelle, dont le montant sera constaté par le Département du Commerce et, d'après ses instructions, imputé, par les soins de la Caisse des dépôts, sur le produit brut des comptes abandonnés atteints par la prescription au 1er janvier de l'année suivante.

559. Un état justificatif, en double exemplaire, des reconstitutions spéciales ainsi effectuées par la Caisse sera joint, le cas échéant, au bordereau réglementaire des comptes prescrits (modèle n° 64); il devra être arrêté en toutes lettres et certifié par le Président et le Caissier.

L'état comprendra, pour chacun des comptes reconstitués, les renseignements suivants :

1° Numéro et série du livret;

2° nom et prénoms du titulaire ;

3° situation du compte au moment de l'accomplissement de la prescription ;

4° date de l'accomplissement de la prescription ;

5° date de la dernière inscription au livret des intérêts, c'est-à-dire date du règlement qui a motivé la réclamation ;

6° date de la réclamation ;

7° nom, prénoms et adresse du ou des réclamants ;

8° qualité du ou des réclamants (titulaire, héritiers ou ayants droit);

9° indication des pièces produites à l'appui de la réclamation, notamment du certificat d'identité du titulaire, qui devra toujours être exigé ;

10° montant du remboursement effectué ou de la reconstitution ;

11° nombre, chiffre et nature des inscriptions de rente, s'il en a été remis;

12° date de la reconstitution du compte;

13° intérêts à 3 fr. 25 du jour de la reconstitution au 31 décembre suivant ;

14° total des comptes reconstitués et des intérêts au 31 décembre.

560. Dans une colonne d'observations, la Caisse devra indiquer les conditions dans lesquelles sera intervenue chaque reconstitution de compte et mentionner si le remboursement du compte a eu lieu à la suite de cette reconstitution.

561. Les Caisses n'auront pas, à moins de difficultés particulières, à saisir le Ministère en cours d'année des cas de reconstitutions spéciales qui peuvent se présenter; il suffira qu'elles procèdent comme il est dit au n° 559. (Circ. min. 2 février 1903, 9 mai 1904 et 5 mai 1905.)

CONSIGNATIONS

562. Faculté de consigner les capitaux et les inscriptions de rentes. — Dans le cas de décès de titulaires de livrets, ou par tout autre motif, les Caisses peuvent remettre à la Caisse des dépôts, soit le montant, en capital et intérêts, des sommes qui existent au compte des déposants, soit les inscriptions de rentes leur appartenant; ces sommes et valeurs seront reçues à titre de consignation. (Voir en ce qui concerne les sommes, les n°s 569 à 573; n° 111 Instr. 1857.)

563. Consignation des fonds litigieux. — Interprétation et complément du numéro ci-dessus. — Le texte ci-dessus a pour objet de rappeler que, comme tout débiteur, les Caisses jouissent du droit conféré par le Code civil d'avoir recours, le cas échéant, à la consignation qui constitue un mode de libération. Seulement, cette disposition ayant donné lieu, dans la pratique, à certaines difficultés, il a paru nécessaire d'en déterminer d'une manière plus précise le sens et la portée.

564. Par son libellé, la disposition dont il s'agit laisse, en effet, subsister un doute sérieux sur le point de savoir si elle n'est qu'une simple référence, qui serait alors incomplète, aux principes du droit commun reconnus en cette matière, ou si elle déroge auxdits principes, soit en permettant aux Caisses de se substituer un autre débiteur sans le consentement de leurs créanciers, si l'on considère qu'il s'agit là d'une consignation volontaire, soit, dans le cas contraire, en admettant la consignation de fonds litigieux, sans l'accomplissement des formalités préalables y relatives.

565. Peut-être serait-il possible de soutenir que le consentement du créancier résulterait implicitement de l'insertion du paragraphe 111 dans les livrets des déposants au nombre des clauses qui y figurent et qui, comme l'ont plusieurs fois jugé les tribunaux, forment la base du contrat intervenu entre lesdits déposants et l'établissement. Mais c'est là, en tout cas, un argument qu'il semble difficile d'invoquer d'une manière générale, car il est peu probable que les livrets contiennent la clause dont il s'agit.

566. Quant à la consignation d'office, elle ne peut être opérée que si elle a été autorisée par la loi ou bien prescrite par un jugement ou une décision administrative, ainsi que cela résulte de l'article 2 de l'Ordonnance du 3 juillet 1816, qui comprend dans l'énumération des diverses consignations ..... « 5° les sommes dont les cours et les tribunaux et les autorités administratives, quand ce droit leur appartient, auraient ordonné la consignation, faute par les ayants droit de les recevoir ou de les réclamer, etc... »

La restriction apportée dans ce texte au pouvoir des autorités administratives implique qu'elles n'ont pas toujours qualité pour intervenir ; par suite, il ne semble pas, d'autre part, que, dans la rédaction du paragraphe 111, les Ministères du Commerce et des Finances aient entendu donner aux Caisses une autorisation générale pouvant rentrer dans les termes de la disposition susvisée de l'Ordonnance de 1816.

567. Un examen attentif de la question et des faits qui y ont donné naissance a été poursuivi, tant par le Département du Commerce que par celui des Finances. Il en est ressorti qu'en l'absence d'un texte précis, on ne saurait se montrer trop circonspect, et qu'aucun des travaux préparatoires de l'Instruction ne permet d'affirmer qu'en recommandant de consigner les sommes litigieuses, les Administrations qui y ont collaboré aient entendu dispenser les Caisses de la procédure des offres réelles organisée par les articles 1257 à 1264 du Code civil et 812 à 818 du Code de procédure civile, lorsque celles-ci sont possibles. (La Circulaire donne le texte de ces divers articles.)

568. Il semble, dès lors, qu'afin d'éviter toute difficulté, ces établissements agiraient sagement en se conformant au droit commun, sauf dans le cas où il s'agirait de sommes minimes paraissant abandonnées qui pourraient être consignées avant l'expiration de la période trentenaire, afin d'assurer le bon ordre de la comptabilité. (Circ. min. 13 janvier 1900.)

569. **Cautionnements des Caissiers et autres agents, versés en numéraire à titre de consignations. — Consignations diverses**. — L'article 43 de la loi du 16 avril 1895 a établi la prescription, au profit de la Caisse des dépôts, pour tous les fonds provenant de consignations judiciaires ou administratives qui n'auraient pas été réclamés après un délai de trente ans.

570. Cet article ne comporte aucune distinction entre les diverses catégories de consignations. Il fait courir la période trentenaire, non pas du jour où l'intéressé a été en mesure de faire valoir ses droits, mais de la date même de la consignation.

571. La prescription s'applique, en principe, aux cautionnements versés en numéraire par les Caissiers et autres agents des Caisses d'épargne, comme à toutes les autres sommes consignées ou déposées *à quelque titre que ce soit*, en vertu du n° 111 de l'Instruction de 1857. Mais elle est interrompue par tout paiement de capital ou d'intérêts imputable sur le compte de la consignation.

572. Le titulaire d'un cautionnement n'aurait donc à craindre l'application de la loi que dans le cas, peu vraisemblable, où il resterait trente années sans en encaisser les intérêts, lesquels se prescrivent par cinq ans, ainsi que l'en informe une mention portée sur le récépissé de dépôt.

Conformément au troisième alinéa de l'article 43, l'intéressé doit, d'ailleurs, six mois avant l'expiration de la période trentenaire, être avisé, par lettre recommandée, de la déchéance qui le menace.

573. La loi précitée ne visant que les sommes, les titres et valeurs mobilières échappent à la prescription. Par suite, les inscriptions de rentes déposées jusqu'à ce jour, pour quelque cause que ce soit, par les Caisses continueront à rester indéfiniment à la disposition des ayants droit, sans qu'aucune déchéance puisse leur être opposée. (Circ. min. 4 août 1895.)

574. Consignations des inscriptions de rentes afférentes aux comptes abandonnés prescrits. — La prescription édictée par l'article 20 de la loi de 1895 n'atteint pas les inscriptions de rentes restées en dépôt aux Caisses et achetées soit d'office, soit volontairement, pour les déposants dont les fonds sont prescrits; les rentes étant imprescriptibles.

En conséquence, les inscriptions afférentes aux comptes prescrits continueront à être consignées dans le courant de janvier de chaque année à la Caisse des dépôts en observant les règles tracées aux n°s 111 à 114 de l'Instruction de 1857. (N°s 121 Instr. 1857 et 31 Instr. 1895.)

575. Livrets des militaires décédés dont les héritiers sont inconnus ou refusent d'appréhender la succession. — Consignation des fonds. — Les livrets se trouvant dans ce cas seront transmis par les Conseils d'administration des corps de troupe aux Caisses d'épargne qui les auront délivrés.

La remise de ces pièces sera faite directement par les moyens dont l'autorité militaire dispose; elles seront accompagnées, pour chaque Caisse, d'un bordereau indiquant les numéros des livrets, les nom et prénoms des titulaires, les corps de troupe auxquels ils appartiennent et la nature des recherches qui auraient eu lieu pour retrouver les ayants droit.

Le montant du livret sera ensuite consigné pour le compte de qui de droit, conformément aux n°s 111 et suivants de l'Instruction de 1857. (Le modèle du bordereau qui doit accompagner les pièces et celui du récépissé à délivrer par la Caisse sont annexés à la Circulaire.) (Circ. min. 6 août 1895.)

576. Consignations. — Nécessité de délivrer deux récépissés. — Les dépôts qui se composeront de numéraire et d'inscriptions de rentes donneront lieu à la délivrance de deux récépissés distincts, l'un pour le numéraire, l'autre pour les inscriptions de rentes. La somme à porter dans celui-ci sera le chiffre de la rente énoncé sur le titre même.

577. Déclaration de dépôt. — Une déclaration constatant le dépôt sera souscrite par le Directeur ou agent de la Caisse d'épargne sur le registre tenu à cet effet, en conformité de l'Instruction sur les consignations du 1er décembre 1877 (article 6) et un compte sera ouvert sur le registre indiqué par la même Instruction.

578. Perception des arrérages. — Les arrérages sont encaissés à Paris par le Caissier général de la Caisse des dépôts qui les transmet à ses préposés dans les départements pour être portés, à mesure des encaissements, au compte de la consignation.

Ils donnent lieu à la déclaration prescrite par l'article 6 de l'Instruction précitée du 1er décembre 1877. (N°s 112, 113 et 114 de l'Instr. de 1857, modifiés partiellement par l'Instr. sur les consignations du 1er décembre 1877.

579. Envoi des inscriptions au Caissier de la Caisse des dépôts. — Les inscriptions seront transmises par le Trésorier-payeur général au Caissier général de la Caisse des dépôts, et il sera donné avis de cet envoi au Directeur général. (N° 115 Instr. 1857.)

580. Formalités à remplir lors du renvoi, pour être restituées, des inscriptions de rentes consignées. — Toute demande adressée au Receveur des finances pour le remboursement du principal et la remise des inscriptions de rentes devra être transmise, avec les pièces produites à l'appui et reconnues régulières, au Directeur général de la Caisse des dépôts par l'intermédiaire du Trésorier-payeur général, à l'effet d'obtenir le renvoi de ladite inscription. (N° 116 Instr. 1857.)

CAUTIONNEMENTS

CAUTIONNEMENTS EN RENTE ET EN NUMÉRAIRE. — TAUX DE L'INTÉRÊT. — CONVERSION EN RENTE. — DROIT DE GARDE. — DÉBETS.

581. Cautionnements des Caissiers et Sous-Caissiers. — Les Caissiers et les Sous-Caissiers préposés aux Succursales sont soumis à l'obligation de fournir un cautionnement.

582. Le Conseil des Directeurs ou des Administrateurs en fixe le montant, mais sans que ce cautionnement puisse être inférieur à 2 0/0 de la recette d'une année moyenne.

La recette d'une année moyenne est évaluée, d'après les recettes effectuées pendant les cinq dernières années, en tenant compte tant des sommes versées par les déposants que des retraits de fonds opérés à la Caisse des dépôts, s'il s'agit du cautionnement d'un Caissier.

583. Pour celui d'un Sous-Caissier on ajoute aux recettes effectuées par les déposants les sommes envoyées par la Caisse centrale.

584. Toutefois, si le cautionnement déterminé d'après cette base dépasse 20.000 francs dans les départements et 40.000 francs à Paris, il peut être ramené à ces taux.

585. Pour les Caisses d'épargne et les Succursales nouvellement établies, le cautionnement des Caissier et Sous-Caissier est fixé par le Ministre du Commerce sur la proposition du Conseil des Directeurs et d'après l'importance présumée des opérations.

586. Lorsque la Caisse d'épargne ou la Succursale compte plus de cinq années d'existence, le cautionnement est régularisé conformément aux indications données aux n°s 582 à 584.

587. Le cautionnement de chaque comptable est réglé pour toute la durée de ses fonctions, néanmoins le bénéfice d'un cautionnement qui n'est plus en rapport avec l'importance du maniement des fonds, ne saurait lui être acquis que s'il a été régulièrement fixé à l'origine. (Art. 22, 23, 24 et 25 du décret du 15 avril 1852 ; n° 43 Instr. 1893.)

588. Réalisation en rentes des cautionnements des Caissiers, Sous-Caissiers et autres agents. — Le cautionnement doit être versé en numéraire.

Néanmoins sur la demande du Conseil des Directeurs, les intéressés peuvent être autorisés à le réaliser en rentes françaises de toute nature.

589. La délibération du Conseil d'administration demandant la réalisation en rente doit être adressée au Préfet, qu'il s'agisse du cautionnement d'un Caissier de Caisse d'épargne, d'un Sous-Caissier de Succursale ou d'un employé de la Caisse auquel le Conseil des Directeurs a imposé cette garantie en vertu du n° 127 de l'Instruction de 1857.

590. Il est indispensable que cette délibération indique le nom du comptable et la nature de la rente qui devra être affectée à ce cautionnement. Elle doit être accompagnée du compte par lequel le Conseil d'administration a déterminé les 2 0/0, afin que le Préfet puisse en vérifier l'exactitude.

591. Si l'établissement n'a pas cinq ans d'existence, le Préfet ne peut ordonner la réalisation en rente qu'après que le cautionnement a été régulièrement fixé par arrêté ministériel.

592. Si la garantie dont il est parlé au n° 589 est exigée d'un employé, le montant et la nature du cautionnement sont déterminés par le Conseil d'administration. Qu'il soit fourni en numéraire ou en rente, le cautionnement devra être réalisé — après l'autorisation préfectorale, s'il est en rente — à la Caisse des dépôts, suivant les formes et aux conditions exigées pour les cautionnements des Caissiers. Comme ces derniers, il restera soumis, en cas de débet, aux formalités à remplir pour l'exercice des reprises énumérées aux n°s 611 à 616.

593. Le Préfet peut, sur la demande des Directeurs d'une Caisse, autoriser la conversion en rentes sur l'Etat d'un cautionnement versé en numéraire à la Caisse des dépôts. (Voir les n°s 598 à 601.)

593^1. Qu'il s'agisse d'un cautionnement nouveau ou d'un cautionnement versé en numéraire à convertir en rente, le Préfet prend pour base du taux de capitalisation de la rente, le cours moyen du jour de son arrêté d'autorisation. (Art. 27 du décret de 1852 ; n°s 125 et 127 Instr. 1857 ; Décret du 1er août 1864 ; Circ. min. 19 août 1864 et 25 septembre 1874 ; n° 44 Instr. 1893.)

594. Cautionnement en numéraire. — Consignation. — Le titulaire produit à l'appui du versement une copie, soit de la délibération du Conseil d'administration, soit de la décision du Ministre du Commerce qui fixe le montant de son cautionnement. Il souscrit une déclaration de versement. (Voir en ce qui concerne la prescription les n°s 569 à 573.)

595. Lorsqu'un cautionnement a été fourni par des tiers, les bailleurs de fonds signent la déclaration de versement avec le Caissier ou Sous-Caissier titulaire du cautionnement et y font constater leur privilége de second ordre. Ils ne peuvent suppléer à l'accomplissement de cette formalité que par la signification extra-judiciaire, au préposé qui a reçu le cautionnement, d'un acte notarié conforme au modèle annexé au décret du 22 décembre 1812.

596. Remboursement du cautionnement en numéraire. — Le remboursement est effectué, entre les mains du titulaire, du bailleur de fonds ou de leurs ayants cause, sur la remise :

1° du récépissé de versement ;

2° d'un certificat de quitus signé par le Président ou le Vice-Président de la Caisse [*et* le Secrétaire du Conseil d'administration. Circ. min. 23 mars 1897]. (Le quitus doit être l'extrait d'une délibération prise par le Conseil et inscrite au registre des délibérations.)

3° d'un certificat de non opposition délivré par le greffier du tribunal de première instance dans le ressort duquel le titulaire du cautionnement exerçait ses fonctions. Ce certificat est visé par le Président du tribunal.

Les héritiers ou ayants cause doivent en outre produire toutes les pièces établissant leurs droits et qualités. (Instr. Caisse des dépôts du 31 janvier 1878.)

597. Taux de l'intérêt servi aux cautionnements versés en numéraire. — La loi du 26 juillet 1893 a fixé cet intérêt à 2 0/0. (Circ. min. 7 février 1894.)

598. Conversion en rente des cautionnements en numéraire. — (En ce qui concerne l'autorisation préalable nécessaire, voir le n° 593.) Si la rente est acquise sans l'intervention de la direction générale de la Caisse des dépôts, le cautionnement en numéraire n'est remboursé qu'après que le Trésorier-payeur général a été avisé de la prise en charge par le Caissier général du titre formant le nouveau cautionnement.

Le remboursement est ensuite effectué comme l'indique le n° 596. Toutefois, le certificat de quitus n'est pas exigé.

599. Si la rente est acquise par l'intermédiaire de la Direction générale, le cautionnement en numéraire peut être employé à l'achat de la rente.

Le comptable intéressé remet une demande au préposé de la Caisse des dépôts et il y joint : 1° l'arrêté préfectoral autorisant la conversion ; 2° un certificat de non opposition du greffier du tribunal de première instance.

600. La rente est achetée par les soins de la Caisse des dépôts, au cours moyen de la Bourse.

Le préposé remet à la partie intéressée un nouveau récépissé et il retire celui qui avait été délivré lors du versement du cautionnement en numéraire.

Il lui rembourse ensuite la portion du cautionnement qui n'aurait pas été consacrée à l'achat et lui paie les intérêts qui pourraient être dûs.

601. Si le coût de la rente dépasse la somme disponible en capital, l'excédent est prélevé sur les intérêts dûs, et, en cas d'insuffisance, le Caissier de la Caisse d'épargne est tenu de verser la somme nécessaire pour balancer la dépense.

602. Consignation du cautionnement en rente. — Le titre est déposé à la Recette des Finances par le titulaire, après la réception par la Caisse d'épargne de l'ampliation du Préfet autorisant le cautionnement en rente. Il y joint une copie de la délibération du Conseil d'administration qui fixe le montant du cautionnement.

603. Le préposé de la Caisse des dépôts s'assure que la rente déposée est au moins égale à celle qui aurait pu être achetée avec cette somme, au cours moyen de la Bourse du jour où a été pris l'arrêté préfectoral d'autorisation.

604. Un acte d'affectation, fait en double, conforme au modèle n° 8 et timbré à 0 fr. 60 est remis à l'appui du dépôt du titre. Il est signé par le titulaire et le préposé ainsi que par le propriétaire de l'inscription, si elle appartient à un tiers.

605. Si l'acte d'affectation est signé par un mandataire, la procuration doit être notariée et en minute. Une expédition de cette procuration dûment légalisée reste annexée au double de l'acte d'affectation conservé par le préposé.

606. Les déposants souscrivent une déclaration de versement.

607. Le titulaire acquitte, contre reçu, le droit de garde dont il est parlé au n° 610.

Il lui est remis, en outre, un des doubles de l'acte d'affectation et un récépissé énonçant les nom, prénoms, qualité et domicile des parties intéressées, le montant de la rente déposée, le numéro de l'inscription et les causes du dépôt.

Ce récépissé, timbre à 0 fr. 25, doit être visé dans les 24 heures de sa date à la Préfecture ou à la Sous-Préfecture.

608. Restitution du titre. — Lorsqu'il y a lieu à la restitution du titre déposé, on doit produire au préposé qui a reçu le cautionnement, une demande du Caissier ou du Sous-Caissier intéressé, plus le certificat de quitus et le certificat de non opposition indiqués au n° 596, 2° et 3°.

609. Dans le cas où l'inscription est réclamée par une autre personne que le titulaire, soit par suite de décès, soit pour tout autre motif, la demande est accompagnée des pièces établissant les droits et qualités des héritiers ou ayants cause.

La remise à qui de droit est effectuée :

1° sur la restitution du bordereau d'annuel (s'il y a lieu) et de l'acte d'affectation ;

2° sur la remise du récépissé délivré lors de la réalisation du cautionnement ;

3° sur une quittance de la partie prenante énonçant le montant de la rente. (Instr. de la Caisse des dépôts du 31 janvier 1878.)

610. Droit de garde. — Les cautionnements en rentes supportent annuellement un droit de garde de 0 fr. 05 0/0, calculé sur la valeur des titres, à fixer d'après le cours moyen de la veille du jour du dépôt.

Les cautionnements réalisés antérieurement au 1er janvier 1890 sont exonérés de cette charge. (Circ. min. 31 décembre 1889, modifiée en ce qui concerne le taux par la Circulaire du Ministère des Finances du 24 juin 1890.

611. Débets des Caissiers ou Sous-Caissiers. — Voies d'exécution sur les cautionnements. — Les débets des Caissiers ou Sous-Caissiers constatés soit pendant le cours, soit à l'expiration de leur gestion, sont *déclarés* par une délibération du Conseil des Administrateurs, fixant le délai dans lequel le montant doit en être rapporté à la Caisse.

612. Cette délibération est signifiée par acte extrajudiciaire au comptable débiteur et, le cas échéant, à son bailleur de fonds. Elle leur fait connaître le délai pendant lequel ils peuvent désintéresser *directement* la Caisse, s'ils tiennent à ce que le cautionnement ne soit pas affecté au remboursement.

613. Le Conseil des Administrateurs transmet en même temps au préposé dépositaire du cautionnement : 1° un extrait de la délibération par laquelle le débet a été constaté et le débiteur mis en demeure d'en rétablir le montant à la Caisse d'épargne dans un délai déterminé ; 2° l'original de la signification faite au comptable ou à son bailleur de fonds.

614. Si à l'expiration du délai le débet n'a pas été remboursé, le Conseil des Administrateurs prend une seconde délibération pour en arrêter définitivement le montant. Il fait signifier cette délibération par acte extrajudiciaire au comptable et, s'il y a lieu, à son bailleur de fonds, et transmet au préposé qui a reçu le cautionnement l'original de cette signification, accompagné d'un extrait de la délibération et d'une demande en prélèvement.

615. Débets. — Cautionnement en rente. — Les débets à la charge des comptables dont le cautionnement a été fourni en rente sur l'Etat, sont *déclarés* comme pour les cautionnements en numéraire par une délibération du Conseil des Administrateurs.

L'arrêté préfectoral qui a autorisé la réalisation du cautionnement en rente est dès lors considéré comme nul et non avenu.

Lorsque, dans le délai de huitaine à partir de la signification par acte extrajudiciaire aux parties intéressées, le cautionnement n'a pas été reconstitué en numéraire, le préposé transmet à la Caisse des dépôts l'extrait de la délibération du Conseil de la Caisse d'épargne et l'original de la signification.

Si ces pièces sont reconnues régulières, le Directeur général autorise le Caissier général à faire vendre l'inscription de rente formant le cautionnement.

616. Dans les deux cas précités, la Caisse est avisée par le préposé de la Caisse des dépôts qu'elle est créditée du montant de ses reprises, par virement de fonds prélevés sur le cautionnement.

Si le produit de la vente est supérieur au débet, l'excédent ne peut être remboursé que sur les justifications énoncées au n° 596. (N° 126 Instr. 1857 ; Instr. Caisse des dépôts du 31 janvier 1878.)

RÉSUMÉ OU COMPTE RENDU SOMMAIRE DES OPÉRATIONS

ÉTAT SPÉCIAL ET ÉTAT PARTIEL DES PLACEMENTS FAITS EN VALEURS LOCALES COMPTE RENDU.

Résumé ou compte rendu sommaire des opérations des Caisses d'épargne

617. Afin d'éviter les inconvénients que présente le retard nécessairement apporté à la publication du rapport général sur les opérations des Caisses d'épargne par la production du compte rendu de chaque Caisse, les vérifications, la rédaction du rapport et l'impression, et pour permettre de livrer plus rapidement au public des renseignements au moins sommaires sur la situation des Caisses d'épargne, ces établissements ont à produire, au commencement de chaque année, un *résumé* de leurs opérations.

Ce document indique : 1° le nombre des livrets ouverts pendant l'année précédente à de nouveaux déposants ; 2° le nombre des livrets existant au 31 décembre ; 3° le montant des versements reçus pendant l'année précédente ; 4° le montant des remboursements *en espèces* effectués pendant l'année ; 5° le solde dû aux déposants au 31 décembre.

Ces renseignements se trouvent compris dans ceux qui résultent de la comptabilité courante des Caisses d'épargne. Leur production ne saurait, dès lors, augmenter les écritures de ces établissements. (N° 121 Instr. 1897.)

618. En ce qui concerne ce résumé, un seul point paraît appeler une observation particulière : c'est la capitalisation des intérêts. Dans le cas où l'absence de comptes divisionnaires ne permettrait pas de connaître le total des intérêts revenant aux déposants, il faut prendre pour base *les intérêts calculés provisoirement avec le préposé de la Caisse des dépôts et consignations* au taux fixé et déterminer, d'après la différence des taux, les intérêts qui reviennent aux déposants, après défalcation de ceux qui correspondent à la partie de la fortune personnelle laissée en compte courant. Cette évaluation suffit pour le compte rendu sommaire qui, vu l'époque à laquelle il doit être produit, ne peut contenir que des chiffres approximatifs en certains points. (N° 122 Instr. 1897, modifié implicitement par la Circ. min. du 19 septembre 1903.)

619. Ce résumé des opérations est transmis directement au Ministère du Commerce par les Caisses d'épargne et non par l'intermédiaire du préfet. Il doit être produit *le 15 janvier au plus tard*. (N° 123 Instr. 1897.)

Etat spécial des placements de la fortune personnelle des Caisses d'épargne faits en valeurs locales

620. Afin d'obéir aux prescriptions du § 4 de l'article 10 de la loi du 20 juillet 1895, chaque Caisse d'épargne doit envoyer directement chaque année, *dans le courant du mois de février*, un état en *double exemplaire* conforme au modèle annexé à l'Instruction du 8 janvier 1897 et concernant les opérations effectuées pendant l'année précédente relativement aux placements de la fortune personnelle faits en valeurs locales énumérées au § 3 du même article. (N° 124 Instr. 1897.)

621. Cet état indique le montant de la fortune personnelle au 1er janvier et au 31 décembre de l'année et le cinquième de cette fortune personnelle au 1er janvier, ainsi que le total du revenu qu'elle a produit pendant l'année. Par *revenu*, il faut entendre les intérêts encaissés dans le courant de l'année sur les diverses valeurs composant cette fortune personnelle, sans y comprendre les bonifications perçues par l'effet de la retenue sur les intérêts alloués par la Caisse des dépôts et consignations.

Il y a lieu ensuite d'indiquer le capital : 1° employé au 1er janvier en valeurs locales ; 2° consacré pendant l'année à ces genres de placement ; 3° provenant des ventes ou des remboursements de valeurs locales ; 4° restant employé en valeurs locales au 31 décembre. Ce dernier chiffre ne peut dépasser le cinquième du montant de la fortune personnelle au 1er janvier, accru des intérêts. (N° 125 Instr. 1897.)

622. Viennent ensuite, présentés sous forme de tableau, les mêmes renseignements pour chacune des valeurs locales énumérées dans le § 3 de l'article 10 de la loi du 20 juillet 1895. Dans deux autres colonnes sont indiqués le taux de rendement de chacune des valeurs locales et le revenu produit et encaissé pendant l'année par la Caisse d'épargne. Le taux de rendement est le rapport pour cent entre le prix d'achat de la valeur et les intérêts que cette valeur doit normalement rapporter d'après son taux d'émission. Le revenu, au contraire, est le montant des intérêts réellement encaissés dans le courant de l'année. (N° 126 Instr. 1897.)

623. Toutes les Caisses d'épargne ont à produire l'état spécial ci-dessus indiqué. Dans le cas où aucune partie de leur fortune personnelle n'aurait reçu les emplois y spécifiés, il suffit d'y inscrire la mention *néant*. (N° 127 Instr. 1897.)

624. La production de cet état étant de rigueur et l'époque à laquelle ledit état doit être fourni ayant été expressément fixée par la loi au mois de février, les préfets, conformément à l'article 15 de la loi du 20 juillet 1895 et au n° 36 de l'Instruction du 20 décembre suivant, sont invités à le faire dresser d'office le 1er mars aux frais des Caisses d'épargne qui ne l'auraient pas, antérieurement à cette date, transmis au Ministère du Commerce. (N° 128 Instr. 1897.)

État partiel des placements faits en valeurs locales

625. Indépendamment de l'état ci-dessus, il doit être produit chaque année, *pour le 1er février*, un état des placements faits en acquisition ou construction d'habitations à bon marché, en prêts hypothécaires aux sociétés de construction de ces habitations, ou aux sociétés de crédit, et en obligations de ces sociétés. (Circulaires du 12 janvier 1901 et suivantes.)

COMPTE RENDU ANNUEL DES OPÉRAITONS DES CAISSES D'ÉPARGNE

TABLEAUX A FOURNIR PAR CHAQUE CAISSE D'ÉPARGNE

SAUF, POUR CERTAINES D'ENTRE ELLES, L'ANNEXE AU TABLEAU I ET LE TABLEAU IX BIS

626. Aux termes de la loi du 5 juin 1835, un rapport doit, chaque année, être distribué aux Chambres sur la situation et les opérations des Caisses d'épargne. Pour mettre le Gouvernement en mesure de préparer ce rapport, les Caisses d'épargne sont tenues de produire un état de leurs opérations et de leur situation au 31 décembre de chaque année. Les actes d'autorisation de ces établissements leur ont imposé l'obligation de fournir ces documents *au Ministre du Commerce et au Préfet du département où ils ont leur siège*. Le Préfet les fait parvenir au Ministre du Commerce, avec les états qu'il est lui-même appelé à établir. (N° 1 Instr. 1897 [partie].)

627. Les n°s 47 et 118 de l'Instruction du 8 janvier 1897 prescrivent de n'établir le compte rendu qu'après que l'allocation des intérêts a été *régulièrement* faite par la Caisse des dépôts et consignations.

Les intérêts arrêtés en fin d'année, en conformité de la circulaire du 19 septembre 1903, contradictoirement avec le préposé de la Caisse des dépôts, nous paraissent avoir ce caractère, bien que calculés provisoirement. Si, en effet, le décompte *définitif* desdits intérêts par la Caisse des dépôts fait reconnaître des différences, les contre-parties doivent être passées en écritures au compte de l'exercice courant et non au compte de l'exercice écoulé qui reste *définitivement clos et arrêté.*

Nous pensons donc que la Caisse, dont les travaux de fin d'année seraient terminés avant la réception du décompte définitif, pourrait néanmoins établir son compte rendu, sauf à y porter ultérieurement la *date de l'allocation.* (N°s 47 et 118 Instr. 1897, modifiés implicitement par la Circ. min. du 19 septembre 1903.)

628. L'envoi des tableaux au préfet du département doit être fait le 1er MAI AU PLUS TARD *et accompagné* de *trois exemplaires* du compte rendu imprimé qu'a publié la Caisse.

629. Quant à celles qui n'en publient point, elles le remplacent par la production d'une délibération du Conseil des Directeurs contenant des appréciations sur les opérations de l'année écoulée, sur les causes d'augmentation ou de diminution constatée, sur les innovations qui ont pu être introduites dans le service, enfin sur tous les faits de quelque importance qui méritent d'être signalés.

629¹. Le rapport imprimé ou la délibération destinée à en tenir lieu doit constituer en quelque sorte un compte moral expliquant et justifiant les conséquences que l'on peut déduire des chiffres produits. (N°s 118 et 120 Instr. 1897; Circ. min. 10 janvier 1902.) (La date de production des tableaux est rappelée par les Circ. min. des 15 avril 1903 et 9 avril 1904.)

630. Tous les tableaux régulièrement dressés doivent porter très exactement les renseignements dont la production est exigée tant par les colonnes du cadre que par les diverses mentions qu'ils contiennent, soit dans les colonnes d'observations, soit dans la partie inférieure réservée au contrôle. Le *contrôle* doit être établi *avec le plus grand soin,* afin de permettre d'effectuer facilement les vérifications. On doit *s'assurer* de toutes les *concordances* des tableaux entre eux, de manière à éviter des rectifications qui retarderaient les vérifications et la publication du compte rendu annuel. Dans le cas où il serait difficultueux de faire rentrer tous les renseignements dans le cadre réglementaire, la Caisse intéressée devrait provoquer des instructions ministérielles. (N° 119 Instr. 1897 [partie] et Circ. min. 15 avril 1903.)

TABLEAU I.

631. Ce tableau qui contient une partie des éléments essentiels de la comptabilité des Caisses, concerne uniquement la fortune personnelle de l'établissement. (N° 3 Instr. 1897.)

On ne doit jamais, *sous aucun prétexte,* se dispenser de fournir les renseignements demandés, ni tous autres qui se rapportent à ce tableau et particulièrement ceux qui figurent au contrôle. S'il n'y a pas lieu de les donner, une mention ou un signe quelconque doit le faire *expressément connaître.* (N° 30 Instr. 1897 [partie].)

632. Le cadre du tableau renferme d'abord trois colonnes désignées par les lettres A, B, C et destinées à recevoir les indications suivantes :

Col. A. Le département	Où se trouve le siège de la Caisse.
Col. B. La ville	
Col. C. Le nombre d'années d'existence depuis l'ouverture de la Caisse.	On ne compte l'année d'ouverture que si la Caisse a été ouverte dans le courant du 1er semestre. On comprend dans le nombre l'année qui fait l'objet du compte rendu. (N° 3 Instr. 1897.)

1re PARTIE. — SITUATION DE LA FORTUNE PERSONNELLE

633. Col. 1 — Capital au 1er janvier de la fortune personnelle de la Caisse.

Le capital de la fortune personnelle de la Caisse au 1er janvier doit être le même qu'au 31 décembre de l'année précédente. Si des rectifications faites postérieurement ont modifié le chiffre du 31 décembre, il convient de rectifier non le chiffre du 1er janvier, mais le chiffre correspondant de recette ou de dépense sur lequel a porté l'erreur et d'indiquer la rectification opérée. (N° 6 Instr. 1897.)

634. Col. 2 — Intérêts de la fortune personnelle de la Caisse.

§ **1.** Les intérêts des sommes laissées en compte courant à la Caisse des dépôts et consignations *ne doivent pas être confondus* avec les bonifications produites par l'effet de la retenue.

§ **2.** Pour les en distraire, il suffit, suivant la méthode la plus fréquemment employée, de calculer, au taux fixé conformément à l'article 5 de la loi du 20 juillet 1895, les intérêts que ces sommes ont dû produire et d'en porter le montant à cette colonne 2.

§ **3.** La Caisse des dépôts et consignations ne fait pas de distinction pour les sommes qu'elle détient au compte des Caisses d'épargne entre celles qui reviennent aux déposants et celles qui appartiennent personnellement à l'établissement, et les intérêts sont alloués sur la totalité. C'est à la Caisse qu'est réservé le soin de faire dans ses livres les distinctions nécessaires au point de vue du capital et des intérêts et d'en indiquer le résultat dans ce tableau.

§ **4.** Après l'allocation des intérêts aux déposants, le surplus revient, en effet, à la Caisse et se divise en deux parts : les intérêts produits par la partie de la fortune personnelle laissée en compte courant et les bonifications. (N° 7 Instr. 1897.)

§ **5.** Dans le cas où l'aliénation des rentes, des valeurs ou des immeubles faisant partie de la fortune personnelle a produit un bénéfice sur le prix d'acquisition, ce bénéfice est confondu avec les intérêts de la fortune personnelle. *Toutefois ce chiffre doit être indiqué séparément à la colonne des observations.*

Il est procédé de la même manière lorsque, au lieu d'une vente, il s'agit du remboursement des rentes ou valeurs. (N° 25 Instr. 1897 (partie.)

§ **6.** Il n'y a pas lieu pour les Caisses d'épargne de passer en recette et en dépense un loyer qu'elles seraient censées retirer des immeubles qui leur appartiennent, en vue de représenter la jouisssance qu'ils leur procurent. Ces loyers présumés constituent uue recette et une dépense purement fictives, déterminées arbitrairement; or, il ne faut faire entrer dans les écritures des Caisses d'épargne que les sommes *réellement encaissées et dépensées* par ces établissements. En outre, les immeubles qu'elles possèdent ne sauraient être évalués au point de vue locatif, car, étant spécialement affectés à l'installation de leurs services, ils ne peuvent être considérés comme un placement productif de revenus.

§ **7.** Il en serait différemment si une partie quelconque des immeubles était louée à des tiers payant un loyer ; dans ce cas, il conviendrait de faire connaître par une simple note le prix annuel de la location, indépendamment du montant des loyers encaissés pendant l'année. (N° 27 Instr. 1897.)

§ **8.** On porte dans cette colonne 2 :

1° L'intérêt des sommes laissées en compte courant à la Caisse des dépôts et consignations, c'est-à-dire l'intérêt calculé sur le chiffre de la colonne 19, encaisse déduite ;

2° Le revenu encaissé pendant l'année afférent aux placements des colonnes 10, 12, 13, 14, 15, 16, 17 et 18 ;

3° Le bénéfice prévu au § 5 ci-dessus.

§ **9.** Pour décomposer cette colonne *au contrôle*, 2° *(col. du revenu)*, on doit en distraire ce bénéfice.

635.

Col. 3

Montant des souscriptions dons et legs reçus pendant l'année et recettes diverses

§ **1.** On ne porte que les sommes encaissées pendant l'année sans tenir compte de celles qui pourraient rester à recouvrer. (N° 18 Instr. 1897 (partie.) Figurent à cette colonne :

1° Le montant des remboursements effectués chaque année par l'État sur les avances faites pour l'installation de réseaux téléphoniques. (Circ. min. 2 mai 1901) ;

2° Les diverses recettes accidentelles opérées par les Caisses.

§ **2.** *Mention de leur origine et de leur montant est faite à la colonne des observations.* (N° 12 Instr. 1897 ; Circ. min. 2 mai 1901.)

636.

Col. 4

Subvention pendant l'année des Conseils généraux et municipaux

§ **1.** Ces subventions sont portées à cette seule colonne. *La distinction entre ces deux natures de subventions, s'il y a lieu, figure à la colonne des observations.* (N° 13 Instr. 1897.)

§ **2.** On ne porte que les sommes encaissées dans l'année sans tenir compte de celles qui pourraient rester à recouvrer. (N° 18 Instr. 1897 (partie.)

§ **3.** Si la commune a consenti à prendre à sa charge les dépenses de la Caisse ou d'une succursale, le montant de ces dépenses doit être porté à la fois à la colonne 8 et à cette colonne 4. La Caisse ne saurait se dispenser de comprendre, à la fois, en recettes et en dépenses, la totalité ou la partie du traitement alloué par la commune, soit parce que le caissier a été payé directement par la caisse municipale, soit parce que la recette et la dépense se compensent. C'est là un mode de procéder *inadmissible* aussi bien pour les Caisses que pour les succursales. (N° 17 Instr. 1897.)

637.

Col. 5

Taux de la retenue exercée sur les intérêts servis par la Caisse des dépôts et consignations.

§ **1.** En indiquant le taux de la retenue, on ne doit pas rappeler la suppression d'intérêts opérée pendant le laps de temps qui s'écoule à partir de tout versement jusqu'au 1er ou 16 de chaque mois ou à partir du 1er ou 16 jusqu'au remboursement.

Cette suppression, uniformément imposée à toutes les Caisses d'épargne par l'article 3 de la loi du 9 avril 1881, n'est pas considérée comme une retenue, parce qu'elle est censée ne produire aucun bénéfice aux Caisses. Il s'agit uniquement du taux de la retenue exigée par l'article 8 de la loi du 20 juillet 1895, taux qui peut être de 25 centimes au minimum et de 50 centimes au maximum pour 100 francs, ou varier entre ces deux taux.

§ **2.** Nulle Caisse d'épargne, sous quelque prétexte que ce soit, n'est dispensée d'exercer cette retenue. On ne peut donc jamais laisser en blanc, ni cette colonne 5, ni la colonne 6, car du moment où une Caisse a des sommes en compte courant à la Caisse des dépôts et consignations, elle reçoit de cette Administration des intérêts dont elle conserve toujours une partie à titre de bonifications, puisqu'elle ne doit les allouer à ses déposants qu'à un taux inférieur de 25 centimes au moins à celui auquel ils lui sont servis. (N° 10 Instr. 1897.)

§ **3.** Le taux de la retenue est toujours exprimé *en fractions décimales* et non en fractions ordinaires. (N° 11 Instr. 1897.)

---

638. Col. 6

Montant des bonifications perçues pendant l'année par l'effet de la retenue.

§ **1.** Les bonifications produites par l'effet de la retenue représentent la différence entre les intérêts que la Caisse d'épargne reçoit de la Caisse des dépôts et consignations, au taux fixé conformément à l'article 5 de la loi du 20 juillet 1895, et ceux qu'elle alloue à ses déposants à un taux inférieur de 25 centimes au moins et de 50 centimes au plus, suivant la retenue qu'elle effectue pour ses frais d'administration, aux termes du 2e paragraphe de l'article 8 de la loi du 20 juillet 1895, et après prélèvement sur cette différence de la somme calculée comme il a été dit plus haut, au n° 634 §§ 1 à 4, pour former les intérêts de la partie de la fortune personnelle laissée en compte courant.

§ **2.** Il faut faire figurer à cette colonne 6 le montant *brut* des bonifications et non le montant *net*, c'est-à-dire ne pas en défalquer les dépenses qui doivent être inscrites à la colonne 8 et qui, sans cette inscription, ne figureraient plus nulle part. (N° 8 Instr. 1897.)

§ **3.** Les intérêts sur lesquels sont prélevées les bonifications sont ceux qui ont été arrêtés en fin d'année, valeur au 31 décembre de l'année à laquelle s'applique le compte rendu, entre la Caisse et le préposé de la Caisse des dépôts et consignations, ainsi qu'il est expliqué aux nos 378 et 379. (N° 9 Instr. 1897, modifié implicitement par la Circ. min. du 19 septembre 1903.)

§ **4.** Il n'y a pas lieu de mentionner ici en recettes le montant des intérêts alloués aux livrets soldés pendant l'année, pas plus que les intérêts capitalisés en fin d'année qui figurent au compte *Profits et Pertes*. (N° 16 Instr. 1897, partie.)

§ **5.** *Le total de cette colonne figure au premier renseignement demandé au tableau II.*

---

639. Col. 7

Part revenant à la Caisse sur le produit des comptes abandonnés atteints par la prescription.

§ **1.** La somme à mentionner ici se compose :

1° Du produit de la prescription, c'est-à-dire les deux cinquièmes revenant à la Caisse ;

2° Du montant de la somme avancée pour frais de publication locale, somme qui a dû être portée dans les dépenses à la colonne 8 du tabeau I *de l'année précédente*.

§ **2.** Diverses Caisses persistent à porter comme encaissées dans l'année même où ont eu lieu les publications les sommes atteintes par la prescription. Aujourd'hui, avec le mode de procéder qui est employé, c'est là une erreur inadmissible

§ **3.** Ces sommes ne peuvent entrer dans la fortune personnelle *qu'après la notification* faite par la Caisse des dépôts et consignations de la part attribuée dans l'émolument de la prescription.

Ainsi pour l'année 1905, il faut se garder de mentionner dans ce tableau les sommes afférentes aux comptes abandonnés publiés le 30 juin 1905, puisqu'elles ne seront attribuées que valeur au 1er janvier 1906, de sorte que les Caisses feraient figurer dans leurs écritures et dans leur compte rendu des sommes dont leur fortune personnelle n'est pas encore créditée.

Les sommes à mentionner dans le *compte rendu de 1905* sont celles qui sont afférentes aux comptes abandonnés publiés *le 30 juin 1904* et qui ont été attribués *valeur au 1er janvier 1905*. (N° 14 Instr. 1897 et Circ. min. 2 avril 1901.)

§ 4. *Le chiffre qui figure ici est le même que le chiffre porté au n° 678 § 4.*

Col. 8
Montant des dépenses pendant l'année.

640. **§ 1.** Cette colonne est la seule destinée à l'indication des dépenses, quelle qu'en soit l'origine ; *mais au contrôle, ces dépenses doivent être présentées classées par nature suivant les indications données.* (N° 15 Instr. 1897.)

NOTA. — On en trouvera le détail à la table des matières sous le titre *Dépenses*.

§ 2. Les Caisses possédant des Caisses de retraite pour leur personnel s'en référeront aux nos 466 à 468.

§ 3. On ne doit mentionner que les dépenses *effectives* payées dans l'année, sans tenir compte de celles qui resteraient à acquitter en fin d'année, quelles que soient leur origine ou leur nature et l'époque où elles ont été votées. Il est impossible, dès lors, d'admettre le système d'après lequel certaines dépenses seraient simplement déduites du chiffre de la fortune personnelle de la Caisse au 1er janvier, par la raison qu'elles ont été votées l'année précédente, mais n'ont pas été payées avant le 31 décembre. Il y aurait là une dissimulation réelle, bien qu'involontaire, de la situation et des dépenses de l'établissement. (N° 18 Instr. 1897, partie.)

§ 4. Les intérêts alloués aux livrets soldés pendant l'année ne doivent, pas plus que les intérêts capitalisés en fin d'année, être inscrits en dépense, par le motif qu'ils sont portés au débit du compte *Profits et Pertes* qui joue en cette circonstance le rôle de compte d'attente, ainsi que l'explique le n° 377. (N° 16 Instr. 1897.)

§ 5. Les sommes employées au paiement d'achats de rentes, de valeurs quelconques, d'immeubles, ou affectées à des prêts ne sauraient être inscrites à cette colonne 8 comme dépenses, attendu qu'elles ne sont pas sorties de la fortune personnelle de la Caisse ; elles constituent un placement et non une aliénation de cette fortune personnelle. Les sommes qui ont reçu cet emploi sont, en effet, représentées par une contre-valeur qui continue à figurer dans l'actif de l'établissement. (N° 24 Instr. 1897 et Circ. min. 13 février 1901.) Il en est encore ainsi lorsqu'il s'agit de sommes payées pour la construction d'un bâtiment ou pour l'acquisition de partie d'immeuble contigu ou de droits immobiliers tels qu'une mitoyenneté. Ces sommes doivent, dès lors, figurer dans le montant de la fortune personnelle au 31 décembre, sauf à les inscrire dans les colonnes spéciales d'après le mode de placement auquel elles ont été affectées. (N° 24 Instr. 1897.)

§ 6. La règle énoncée sous le n° 447 *exclut tout amortissement* de l'immeuble, d'une part, par la diminution annuelle du prix pour lequel ledit immeuble est représenté dans les écritures et dans le compte rendu, et, d'autre part, par la majoration des dépenses pour une somme équivalente. (N° 23 Instr. 1897 (partie) et Circ. min. 13 février 1901.)

§ 7. L'article 27 *entièrement* énoncé au n° 634, §§ 6 et 7, interdit aux Caisses de passer en recette et en dépense un loyer qu'elles seraient censées retirer des immeubles qui leur appartiennent, en vue de représenter la jouissance qu'ils leur procurent. Ces loyers présumés constituent une recette et une dépense purement fictives, déterminées arbitrairement. (N° 27 Instr. 1897, partie.)

§ **8**. Si la commune a consenti à prendre à sa charge les dépenses de la Caisse ou d'une succursale, le montant de ces dépenses doit être porté à la fois à cette colonne 8 et à la colonne 4 (*Subventions des Conseils généraux et municipaux*). La Caisse ne saurait se dispenser de comprendre, à la fois, en recettes et en dépenses, la totalité ou la partie du traitement alloué par la commune, soit parce que le Caissier a été payé directement par la Caisse municipale, soit parce que la recette et la dépense se compensent. C'est là un mode de procéder inadmissible aussi bien pour les Caisses que pour les succursales. (N° 17 Instr. 1897.)

§ **9**. Dans le cas où l'aliénation des rentes, des valeurs ou des immeubles faisant partie de la fortune personnelle a entraîné une perte sur le prix d'acquisition, le montant de cette perte est confondu avec les dépenses. *Toutefois le chiffre de cette perte doit être indiqué séparément à la décomposition du chiffre des dépenses, présentée au contrôle.*

Il est procédé de la même manière lorsque, au lieu d'une vente, il s'agit du remboursement des rentes ou valeurs. (N° 25 Instr. 1897, partie.)

---

641. Col. 9 — Capital au 31 décembre de la fortune personnelle de la Caisse

Cette colonne présente la situation dans son ensemble de la fortune personnelle au 31 décembre. (N° 19 Instr. 1897.)

Le fonds de réserve, que le n° 19, précité, recommande de faire ressortir à la colonne des observations n'existe plus. Ce fonds ainsi que le fonds de dotation sont réunis sous le titre : *fortune personnelle*. (Circ. min. 13 février 1901).

Le montant de cette colonne est retrouvé au contrôle 1°.

Il est décomposé au contrôle 2° (capital).

CONTRÔLE

642. On contrôle *cette première partie* qui indique la situation de la fortune personnelle en additionnant les colonnes 1, 2, 3, 4, 6 et 7. Du total qui représente dans son ensemble *l'actif* de la Caisse, on soustrait le montant de la colonne 8 qui représente le chiffre du *passif* pendant l'année. *Le reste doit être égal au chiffre de la colonne 9, capital au 31 décembre de la fortune personnelle.*

La Circulaire ministérielle du 9 avril 1904 signale la nécessité de faire concorder les divers renseignements portés au tableau et au contrôle.

2e PARTIE. — PLACEMENTS DE LA FORTUNE PERSONNELLE

643. Col. 10 — Prix d'achat des rentes.

§ **1**. Le prix à mentionner est le prix d'*acquisition*. Il n'y a pas à tenir compte des variations, que les fluctuations des cours de la Bourse font éprouver au capital tant que, par une vente, ces plus-values ou ces moins-values n'ont pas été définitivement transformées en un bénéfice ou en une perte. (N° 21 Instr. 1897 et Circ. min. 13 février 1901.)

§ **2**. *Au contrôle 2°, on doit indiquer horizontalement :*

1° Les divers types de rentes ; 2° le prix d'acquisition des rentes ; 3° le montant des arrérages effectivement encaissés (rappelé par les Circ. min. des 15 avril 1903 et 9 avril 1904). Il est inutile de présenter le détail en capital et revenu.

---

644. Col. 11 — Montant des rentes.

On doit indiquer ici la somme d'arrérages que les rentes sont susceptibles de produire en une année *et dont le chiffre est indiqué sur le titre même*. La somme portée ne fait donc pas double emploi avec le revenu indiqué au contrôle en regard de la colonne 10. (Nos 26 et, par analogie, 59 Instr. 1897 (partie), rappelé par les Circ. min. des 15 avril 1903 et 9 avril 1904.)

---

645. Col. 12 — Autres valeurs d'État ou jouissant de la garantie de l'État.

§ 1. Voir le nº 643 § 1.

§ 2. On fera figurer ici les avances faites à l'Etat pour installation de réseaux et de circuits téléphoniques dans l'intérêt du service des Caisses. (Circ. min. 2 avril et 2 mai 1901.)

Une mention spéciale à la colonne des *observations* indiquera la nature particulière de cette sorte de placement. (Circ. min. 2 avril et 2 mai 1901.)

§ 3. *Au contrôle 2º (Placements, Capital, Revenu)*, on doit indiquer :

1º Les valeurs suivant leur nature, mais sans en présenter le détail en capital et revenu : *Bons ou obligations du Trésor ; obligations de chemins de fer garanties par l'État, etc.* (Nº 29 Instr. 1897 (partie), Circ. min. des 2 avril 1901 et 15 avril 1903) ;

2º Le prix d'acquisition ;

3º Le revenu encaissé pendant l'année. (Rappelé par les Circ. min. des 15 avril 1903 et 9 avril 1904.)

§ 4. Dans cette dernière colonne du *revenu* figureront les intérêts payés par les communes pour les avances relatives à l'installation du téléphone. (Circ. min. 2 mai 1901.)

§ 5. *On doit éviter de porter ici* le capital, et, au contrôle, le revenu des placements en obligations des départements et des communes. (Circ. min. 9 avril 1904.)

---

646. Col. 13 — Obligations des départements, des communes et des chambres de commerce

§ 1. Voir le nº 643 § 1.

Au contrôle 2º

§ 2. On doit faire suivre le prix d'acquisition du revenu encaissé pendant l'année. (Rappelé par la Circ. min. du 15 avril 1903 et celle du 9 avril 1904.)

§ 3. De plus, une sous-division donne la répartition du chiffre de cette colonne et présente, en capital et revenu, les sommes employées en achats d'obligations : 1º des départements ; 2º des communes ; 3º des chambres de commerce. Il y a, en effet, un sérieux intérêt à connaître séparément le montant des placements effectués en ces différentes sortes de valeurs. (Nº 29 Instr. 1897 (partie), rappelé par les Circ. min. des 14 avril 1902 et 15 avril 1903.)

---

647. Col. 14 — Obligations foncières et communales du Crédit Foncier.

Voir le nº 643 § 1.

Au contrôle 2º

On doit faire suivre le prix d'acquisition du revenu encaissé pendant l'année. (Rappelé par les Circ. min. des 15 avril 1903 et 9 avril 1904.)

---

648. Col. 15 — Immeubles (prix de revient).

Voir les nºs 446 et 447 et, à titre de renseignement, le nº 640 § 5.

Au contrôle 2º

On doit faire suivre le prix de revient du revenu encaissé pendant l'année. (Rappelé par les Circ. min. des 15 avril 1903 et 9 avril 1904.)

---

649. Col. 16 — Habitations à bon marché achetées ou construites.

Le revenu encaissé *pendant l'année* est indiqué *au contrôle* 2º en regard du capital employé. (Rappelé par les Circ. min. des 15 avril 1903 et 9 avril 1904.)

SUITE DU TABLEAU I

650. Col. 17

Prêts hypothécaires aux Sociétés de construction d'habitations à bon marché, etc.

Le revenu encaissé *pendant l'année* est indiqué *au contrôle* 2° en regard du capital employé. (Rappelé par les Circ. min. des 15 avril 1903 et 9 avril 1904.)

---

651. Col. 18

Autres valeurs locales

Sont englobées sous ce titre toutes les valeurs qui ne sont présentées séparément dans les colonnes qui précèdent, c'est-à-dire : *Bons du mont de piété* ou d'autres *établissements reconnus d'utilité publique ; prêts* aux sociétés coopératives de crédit, ou *garantie* d'opérations d'escompte de ces sociétés. (N° 20 Instr. 1897.)

On doit indiquer au contrôle :

1° *La nature de chacune de ces valeurs et le capital y afférent.*

2° Le revenu encaissé *pendant l'année.* (Circ. min. 2 avril 1901, rappelé par les Circ. min. des 15 avril 1903 et 9 avril 1904.)

---

652. Col. 19

Compte courant à la Caisse des dépôts et consignations ET ENCAISSE

§ **1**. La Circulaire ministérielle du 9 avril 1904 relève qu'on s'abstient souvent de faire *figurer ou de totaliser* dans les colonnes 19 et du contrôle l'encaisse et le compte courant à la Caisse des dépôts et consignations.

§ **2**. Les Caisses peuvent placer *entièrement* leur fortune personnelle en compte courant à la Caisse des dépôts et consignations. (Circ. min. 13 février 1901, 15e §.)

§ **3**. La Circulaire ministérielle du 2 avril 1901 recommande d'éviter l'inexplicable confusion de quelques Caisses qui mentionnent à cette colonne, non pas la partie de la fortune personnelle laissée en compte courant à la Caisse des dépôts et consignations, mais le total du compte courant comprenant également les fonds des déposants.

§ **4**. La partie de la fortune personnelle placée en compte courant figure, *encaisse comprise :*

1° *Au contrôle des placements de ce tableau;*

2° *Au deuxième renseignement demandé au tableau II.*

Le *revenu* de cette somme *(sauf de l'encaisse)* figure :

1° *Au contrôle 2° des placements de ce tableau;*

2° *Au premier renseignement demandé au tableau II.* (Ce revenu est obtenu comme il est indiqué au n° 634, §§ 1, 2.)

CONTRÔLE

653. § **1**. On contrôle cette deuxième partie en additionnant les colonnes 10, 12, 13, 14, 15, 16, 17, 18 et 19. *Le total doit être égal au chiffre de la colonne 9.*

La somme portée, au contrôle, en regard de chacun de ces placements, représente le revenu produit par ce placement et *encaissé dans le courant de l'année. Le total doit reproduire celui de la colonne 2*, défalcation faite, s'il y a lieu, des bénéfices provenant de la vente de rentes, de valeurs ou d'immeubles, ou du remboursement des rentes ou valeurs.

La Circulaire ministérielle du 9 avril 1904 signale la nécessité de faire concorder les divers renseignements portés au tableau et au contrôle.

§ **2**. *Dans une autre partie du contrôle* et à la suite de renseignements relatifs à la date de l'autorisation et de l'ouverture de la Caisse, au nombre et à la durée des séances hebdomadaires, au mode de rémunération du Caissier, se trouve placée la division en diverses catégories des dépenses dont le total figure à la colonne 8, de manière à permettre de se rendre compte notamment des frais afférents au personnel, au matériel et aux charges des immeubles. (N° 30 Instr. 1897 (partie), partiellement rappelé par la Circ. min. du 15 avril 1903.)

§ **3**. La décomposition de ces dépenses, dit la Circulaire ministérielle du 2 avril 1901, est généralement mal comprise et les confusions sont fréquentes. Ainsi la rubrique *charges des immeubles* comprend les contributions, les assurances et l'entretien.

Or beaucoup de Caisses qui ne possèdent pas d'immeuble y inscrivent des sommes qu'elles ont payées à l'un ou à l'autre de ces titres.

D'un autre côté des Caisses ayant des immeubles font une distinction entre les sommes qu'elles ont payées pour l'entretien de l'immeuble et pour l'entretien du local. Ces modes d'opérer sont irréguliers.

§ **4**. Lorsqu'une Caisse ne possède pas d'immeuble, il y a lieu pour elle de porter aux *dépenses diverses* les déboursés qu'elle a faits pour contributions ou assurances, avec une mention spéciale, et à la rubrique *entretien du local*, ceux qu'elle a faits dans ce but.

§ **5**. La Caisse, au contraire, propriétaire d'un immeuble doit inscrire à la rubrique *entretien* tous les frais d'entretien, soit de l'immeuble, soit du local sans distinction

§ **6**. Les sommes payées à titre de pension ou de secours figureront naturellement à la partie des dépenses afférentes au personnel, mais séparément et avec mention spéciale.

§ **7**. Il sera également utile d'indiquer la nature des dépenses diverses, notamment de celles qui ont pour objet l'attribution de livrets scolaires ou bien le paiement ou l'amortissement des déficits. (Circ. min. 2 avril 1901.)

NOTA. — On trouvera à la table des matières, au titre *Dépenses*, la décomposition des dépenses telle qu'elle figure au contrôle du tableau I.

§ **8**. Enfin, une dernière mention a pour but de faire connaître les causes d'augmentation desdites dépenses, dans le cas où elles dépassent d'un cinquième celles de l'année précédente. (N° 30 Instr. 1897, partie).

ANNEXE DU TABLEAU I

654. Les Caisses qui ont consenti à l'Etat des avances en vue de l'établissement de réseaux et de circuits téléphoniques doivent produire, à l'appui et comme annexe du tableau I, un compte comportant les indications suivantes : 1° montant total des avances ; 2° remboursements précédemment effectués; 3° chiffre des avances encore subsistantes au 1er janvier de l'année à laquelle s'applique le compte-rendu ; 4° remboursements effectués pendant cette même année ; 5° reliquat des avances au 31 décembre de ladite année ; 6° taux d'intérêt de garantie consenti, le cas échéant, par les communes ; 7° chiffre desdits intérêts encaissés pendant l'année. (Circ. min. 2 mai 1901.)

TABLEAU II

655. Le tableau n° 2 constitue l'élément principal du compte rendu. Il embrasse, en effet, toutes les opérations de la Caisse d'épargne et résume toute sa comptabilité. On ne saurait apporter trop de soin à le dresser. Si, en procédant au contrôle des chiffres qu'il renferme, on constatait quelque erreur, il faudrait en *rechercher soigneusement la cause pour la rectifier*. L'erreur, en pareil cas, doit être considérée comme l'indice d'un désordre plus ou moins grave dans les écritures sur lesquelles il est indispensable de porter une investigation immédiate. (N° 31 Instr. 1897.)

656. Dans le cas où les versements à la Caisse des retraites pour la vieillesse ou bien les comptes frappés par la prescription ou encore les remboursements en achats de rentes auraient été, pour la totalité ou pour partie seulement, compris dans les remboursements en espèces qui doivent être divisés d'après leur importance ou le sexe des déposants dans les tableaux VI et VIII (2e partie) et auraient par suite détruit la concordance que présentent nécessairement entre eux ces deux éléments du compte rendu, *cette erreur entraînerait la réfection de ces deux derniers tableaux* (VI et VIII), ou, ce qui serait non moins grave, motiverait le remaniement de ce tableau. (N° 119 Instr. 1897, partie.)

657. Ce tableau contient, dans le cadre, indépendamment de deux colonnes désignées par les lettres A et B et destinées à indiquer le département et la ville où se trouve le siège de la Caisse, 18 colonnes ; il forme deux parties distinctes : l'une concernant le mouvement des livrets et l'autre le mouvement des crédits. (N° 32 Instr. 1897.)

Toutes les indications qui y sont portées doivent être accompagnées d'observations dans le cas où des circonstances exceptionnelles obligeraient la Caisse à déroger sur quelques points aux instructions qui suivent. (N° 56 Instr. 1897.)

Les Caisses font parfois figurer, en dehors des colonnes, certains chiffres jugés nécessaires, pour l'exactitude du tableau, mais se rapportant à des opérations qu'elles ne croient pas pouvoir y faire rentrer. Or, le cadre du tableau a été conçu de telle manière que *tous les renseignements que les Caisses doivent fournir puissent y être compris;* si elles rencontrent des difficultés à cet égard, elles devront provoquer des instructions ministérielles. (Circ. min. 14 avril 1902 et 15 avril 1903.)

658. Col. 1 — Nombre de livrets existant au 1er janvier.

1re PARTIE. — LIVRETS

---

659. Col. 2 — Nombre de livrets ouverts pendant l'année pour l'établissement de comptes nouveaux.

Ne doivent pas être considérés comme livrets ouverts à de nouveaux déposants et portés par suite à cette colonne, les livrets nouveaux remis à d'anciens déposants, en remplacement de livrets *remplis* ou perdus. Il y a lieu, au contraire, d'y comprendre les livrets ouverts de nouveau pour arrérages de rentes, c'est-à-dire ceux qui ont été soldés sans que les déposants aient retiré les inscriptions de rentes qu'ils avaient en dépôt. (N° 34 Instr. 1897.)

Le chiffre porté ici doit être le même que celui :

1° *De la colonne 42 du tableau VII;*

2° *Du contrôle des tableaux IX, IX* bis *et X.*

---

660. Col. 3 — Nombre de livrets ouverts pendant l'année à la suite de transferts.

---

661. Col. 4 — Nombre de livrets soldés pendant l'année.

662. Col. 5
Nombre de livrets restant au 31 décembre

Le montant de cette colonne :

1° *Est retrouvé au contrôle en additionnant les colonnes 1, 2 et 3 dont on déduit la colonne 4 ;*

2° *Il doit être le même que celui des colonnes : 17 du tableau IV et 23 du tableau VIII.*

2e PARTIE. — CRÉDITS

663. Col. 6
Solde dû aux déposants au 1er janvier.

La manière de procéder indiquée au n° 676 permet de porter comme solde dû aux déposants au 1er janvier d'une année la somme qui figurait l'année précédente comme solde au 31 décembre ; elle évite ainsi les irrégularités trop fréquentes qui consistent à modifier ce solde d'une année à l'autre sans cause apparente. (N° 45 Instr. 1897.)

---

664. Col. 7
Montant des versements effectués pendant l'année.

Le chiffre porté ici doit être le même que celui :

1° *De la colonne 16 du tableau V.*

2° *De la colonne 8 du tableau VIII.*

3° *Du contrôle des tableaux IX, IX* bis *et X.*

---

665. Col. 8
Crédits des livrets ouverts par suite de transferts

---

666. Col. 9
Intérêts alloués aux déposants pour l'année.

Le chiffre à faire figurer ici pour intérêts servis *aux déposants* comprend les intérêts capitalisés sur les comptes soldés aussi bien que les intérêts alloués aux comptes restés ouverts, sans qu'il y ait lieu d'établir aucune distinction. Les intérêts alloués aux comptes soldés sont des intérêts servis aux déposants depuis le commencement de l'année jusqu'à l'époque du remboursement qui leur a été opéré. La Caisse touche les intérêts valeur au 31 décembre, sur les sommes ainsi retirées ; en les remboursant aux déposants avant le 31 décembre, elle leur fait simplement une avance qui ne change pas la nature de ces intérêts, et, dès lors, il n'existe aucun motif pour porter ces intérêts dans d'autres colonnes de ce tableau ou dans d'autres tableaux. (N° 42 Instr. 1897.)

Le chiffre porté ici doit figurer *au premier renseignement de ce tableau.*

---

667. Col. 10
Arrérages de rentes perçus par la Caisse et reversement des sommes provenant de la vente de rentes.

Les capitaux sortis du *compte spécial* immédiatement après la vente ou ultérieurement doivent figurer ici comme reversement au compte d'épargne. (N° 66 Instr. 1897, partie.)

Cette colonne est décomposée à la colonne des observations.

---

668. Col. 11
Montant des remboursements en achats de rentes effectués d'office

§ **1**. Le chiffre à porter ici est le *montant* des remboursements en achats de rentes *d'office.*

§ **2**. *Le nombre correspondant à ce chiffre* est indiqué à la colonne des *Observations* sous la lettre A.

§ **3**. *Le nombre et le montant* doivent concorder avec les chiffres

§ **6**. Les sommes figurant aux colonnes 11 et 12 sont quelquefois portées aux colonnes 16 et 17 du tableau III ; c'est une erreur. Les sommes du tableau II représentent le *capital* des rentes achetées et celles à inscrire au tableau III *la somme d'arrérages que lesdites rentes sont susceptibles de produire en une an-*

portés au tableau annexe au tableau IV, *produit l'année précédente* — sauf, *nous semble-t-il*, si des rentes ont été achetées d'office dans les cas prévus au n° 276, 5°, 6° et 7°.

née et dont le chiffre est indiqué sur le titre même. (N° 59 Instr. 1897.) Les Circulaires ministérielles des 2 avril 1901, 14 avril 1902, 15 avril 1903 et 9 avril 1904 relèvent la persistance regrettable de cette erreur. (Voir le n° 684 §§ 1 à 3).

---

669. Col. 12

Montant des remboursements en achats de rentes effectuées à la demande des déposants.

§ **4**. Le chiffre à porter ici est le *montant* des remboursements en achats de rentes *volontaires*.

§ **5**. *Le nombre correspondant à ce chiffre* est indiqué à la colonne des *Observations* sous la lettre B.

§ **7**. *Trop souvent*, les remboursements en achats de rentes *sont confondus*, en partie, avec les remboursements effectués autrement qu'en rentes et inscrits à la colonne 13, *puis compris* à la décomposition de ladite colonne soit dans les remboursements espèces, soit même dans les transferts-paiements. (N° 60 Instr. 1897 [partie].)

---

670. Col. 13

Remboursements de toute nature *autrement qu'en achats de rentes*

—

Décomposition de cette colonne

§ **1**. Voir le § 7 des n°s 668, 669.

Les remboursements divers qui entrent dans cette colonne sont décomposés ci-après sous les §§ 2 à 6.

A la colonne des *Observations*, la colonne 13, pour le *montant* des remboursements, et la colonne 17, pour le *nombre*, sont décomposées comme il suit :

§ **2**. A. Remboursements en espèces.

Les remboursements en espèces s'entendent *uniquement* des remboursements *en espèces ou numéraire* faits aux déposants. Les versements à la Caisse des retraites pour la vieillesse ne sauraient y être compris, alors même qu'au lieu d'être opérés par un virement d'écritures, ils consisteraient dans une remise matérielle des fonds, du moment qu'ils sont effectués par l'entremise des Caisses d'épargne. (N° 38 Instr. 1897 [partie].)

Les comptes abandonnés retirés du 1er juillet au 31 décembre doivent être compris parmi les remboursements *en espèces*. Il s'agit là, en effet, d'une remise de fonds entre les mains des titulaires ou de leurs ayants

Les totaux des §§ 2 à 6, *nombre et montant*, doivent être les mêmes qui figurent :

1° *Aux colonnes 15 et 16 du tableau VI ;*

2° *Aux colonnes 15 et 16 du tableau VIII.*

Ils figurent aussi, mais pour leur *montant seulement, au contrôle des tableaux IX, IX bis et X.*

		droit, et il n'y a pas à se préoccuper des circonstances qui l'ont motivée. (N° 52 Instr. 1897.)	
	§ 3. B. Remboursements par voie de versements à la Caisse de retraites pour la vieillesse.	Voir le § 2 ci-dessus, 1er alinéa.	
	§ 4. C. Remboursements par voie de transferts de livrets sur d'autres Caisses.	Voir le § 7 des nos 668, 669.	
	§ 5. D. Remboursements pour annulation des comptes abandonnés prescrits.	Tous les comptes abandonnés, frappés de la *prescription*, figurent ici pour leur montant *total* et non pas seulement pour la partie revenant aux Caisses. (N° 38 Instr. 1897 [partie].)	*Le nombre et le montant* portés ici doivent concorder avec le *total* du bordereau indiqué au n° 545 ; on doit les retrouver au n° 678, 3°.
	§ 6. E. Remboursements pour retenues diverses infligées aux déposants.	Ce sont ceux qui proviennent notamment des suppressions d'intérêts pour possession de doubles livrets et des frais de poste et de recommandation mis à leur charge par le n° 42 de l'Instruction du 20 décembre 1895. (N° 38 Instr. 1897 [partie].)	

---

671. Col. 14
Solde dû aux déposants au 31 décembre.

Le montant de cette colonne doit être retrouvé *au contrôle* en additionnant les colonnes 6, 7, 8, 9 et 10 *dont on déduit* le total des colonnes 11, 12 et 13.

Il figure également :

1° *A la colonne 18 du tableau IV.*
2° *A la colonne 24 du tableau VIII.*
3° *Au 2e renseignement de ce tableau II.*

---

672. Col. 15
Nombre de versements effectués.

Les 4 colonnes suivantes peuvent être considérées comme se rattachant au mouvement des crédits.

Le montant correspondant à ce chiffre est porté à la colonne 7.

Le nombre porté ici doit être le même que celui :

1° *De la colonne 15 du tableau V.*
2° *De la colonne 7 du tableau VIII.*

---

673. Col. 16
Moyenne par versement.

On l'obtient en divisant le chiffre de la colonne 7 par celui de la colonne 15.

674. Col. 17 Nombre des remboursements autrement que ceux en achats de rentes	Le chiffre porté ici est décomposé à la colonne des *observations* sous les lettres A, B, C, D, E. (Voir le n° 670, §§ 2 à 6.) Pour les *concordances*, se reporter à la colonne 13 de ce tableau.
675. Col. 18 Moyenne des remboursements.	On l'obtient en divisant le chiffre de la colonne 13 par celui de la colonne 17.

676. Trois renseignements sont, en outre, demandés. Le premier renseignement vise :

1° Les intérêts de la partie de la fortune personnelle laissée en compte courant à la Caisse des dépôts et consignations. *Chiffre indiqué au tableau I (contrôle, colonne 19, revenu)*;

2° Les bonifications produites par l'effet de la retenue. *Chiffre indiqué au tableau I, colonne 6*;

3° Les intérêts alloués aux déposants. *Chiffre indiqué au tableau II, colonne 9.*

Le total de ces trois sommes doit être égal au montant des intérêts alloués par la Caisse des dépôts, ou plus exactement provisoirement calculés après vérification entre la Caisse et le préposé de la Caisse des dépôts et consignations.

Il représente les intérêts afférents à l'année pour laquelle le compte rendu est produit, attendu que les intérêts doivent figurer dans les écritures *valeur au 31 décembre*, bien que l'allocation *définitive* n'ait lieu que dans les premiers mois de l'année suivante. (N° 43 Instr. 1897.)

Si cette allocation — *dont la date doit être rigoureusement indiquée* — fait reconnaître certaines différences, la Caisse doit augmenter ou diminuer d'une somme égale au montant des rectifications la somme des intérêts de l'année *suivante*, en ayant soin de l'indiquer en *observations — l'exercice écoulé restant définitivement clos et arrêté.* (N° 44 Instr. 1897 ; Circ. min. 19 septembre 1903.)

677. Le deuxième renseignement doit présenter, séparément :

1° La partie de la fortune personnelle placée en compte courant à la Caisse des dépôts et consignations. *Chiffre indiqué au tableau I, colonne 19*;

2° Le solde dû aux déposants au 31 décembre. *Chiffre indiqué au tableau II colonne 14*;

3° Le montant au 31 décembre du compte spécial et sans intérêts provenant de la vente des rentes. *Chiffre indiqué au tableau III (contrôle).*

Le total de ces trois sommes, *déduction faite de l'encaisse*, doit égaler la somme dont la Caisse est créditée à la Caisse des dépôts et consignations au 31 décembre.

678. Le troisième renseignement est relatif aux comptes abandonnés, il comporte un relevé qui présente :

1° Le *nombre* et le *montant* des comptes publiés au 30 juin de l'année précédente *et des comptes au-dessous de 5 francs non publiés.* (Voir le n° 639 § 3.)

Dont on déduit ensuite : 2° le *nombre* et le *montant* des comptes abandonnés retirés du 1er juillet au 31 décembre inclus.	Figurent ici pour le chiffre porté à l'état n° 63 : Les comptes abandonnés qui ont fait l'objet d'un remboursement total ou partiel ou d'un versement. Ceux qui, sans avoir été retirés, ont été, de la part des intéressés, l'objet de démarches suffisantes pour être considérées comme interruptives de la prescription ou qui ont été frappés d'une opposition suspendant l'application de la prescription, *sauf à être l'objet d'une note spéciale.* (N° 53 Instr. 1897.) Ceux qui ont donné lieu à la présentation du livret pour inscription des intérêts. (Circ. min. 2 février 1903.) (Voir le n° 545.)
Au reste des capitaux, on ajoute les intérêts capitalisés au 31 décembre au profit des comptes restants,	

SUITE DU TABLEAU II

Et l'on obtient :

3° le *nombre* et le *montant* des comptes abandonnés *atteints par la prescription* à partir du 1er janvier de l'année à laquelle s'applique le compte rendu.

Totaux égaux aux chiffres portés sous *la lettre* d *à la décomposition de la colonne 13.* (N° 670, § 5).

4° Le relevé mentionne ensuite la part *brute* revenant à la Caisse, c'est-à-dire les deux cinquièmes que lui attribue la loi.

Chiffre concordant avec celui de la colonne 7 du tableau I.

On en déduit :

5° le montant de la somme avancée *l'année précédente* pour frais de publication locale.

6° La différence donne le produit *net* attribué à la Caisse.

TABLEAU III

679. Ce tableau a pour objet de résumer le mouvement des rentes appartenant *aux déposants*. (N° 57 Instr. 1897, partie.)

Il faut donc se garder d'y porter les inscriptions de rentes qui font partie de la fortune personnelle de la Caisse. (N° 62 Instr. 1897.)

Toute Caisse d'épargne sert d'intermédiaire à ses déposants pour l'achat ou la vente des rentes.

L'acquisition est faite gratuitement soit volontairement, soit d'office pour réduire les comptes dépassant le maximum.

La Caisse reste ensuite dépositaire des titres achetés par ses soins, tant que les ayants droit n'en réclament pas la délivrance ou ne les ont pas fait vendre.

Le tableau fournit la preuve que toutes les dispositions de la loi relatives aux inscriptions de rentes sont exécutées. (N° 57 Instr. 1897, partie.)

680. Il doit toujours être produit par les Caisses d'épargne, alors même qu'elles n'auraient en garde aucune inscription de rentes pour le compte de leurs déposants ou qu'elles n'auraient fait aucune opération de la nature de celles qui y sont relatées.

Dans ce cas, le tableau est produit en blanc avec la mention *néant*. (N° 67 Instr. 1897.)

681. *Le tableau est divisé en trois parties dont les colonnes se correspondent.*

La première partie comprenant les colonnes 1 à 7 est relative au *nombre des déposants* titulaires des inscriptions de rentes.

Le nombre des déposants qui ont fait acheter des rentes peut être *supérieur* au nombre des inscriptions achetées, par suite de la faculté accordée aux clients des Caisses d'épargne de faire convertir en une seule inscription de rente le montant de plusieurs livrets appartenant aux membres de la même famille. (N° 58 Instr. 1897, partie.)

Au contrôle, le chiffre de la colonne 7 est retrouvé en additionnant les colonnes 1, 2, 3 et 4, *dont on déduit* le total des colonnes 5 et 6.

682. La 2e partie comprenant les colonnes 8 à 14 est relative au *nombre des inscriptions de rentes*

Pour la raison indiquée au n° 681, le nombre des inscriptions de rentes peut être *inférieur* au nombre des déposants.

Il faut se garder de confondre le *nombre* avec le *montant* des inscriptions. (N° 59 Instr. 1897) [partie].

Au contrôle, le chiffre de la colonne 14 est retrouvé en additionnant les colonnes 8, 9 10 et 11 *dont on déduit* le total des colonnes 12 et 13.

683.

La 3e partie comprenant les colonnes 15 à 21 est relative au *montant des inscriptions*.

Le montant des inscriptions de rentes est la somme d'arrérages que les rentes sont susceptibles de produire en une année et dont le chiffre est indiqué sur le titre même. Il faut donc se garder de confondre le *nombre* des inscriptions de rentes avec le *montant* des inscriptions. Les renseignements que cette troisième partie a pour objet de donner sont, en effet, absolument différents de ceux auxquels est destinée la deuxième partie. (N° 59 Instr. 1897) [partie].

Au contrôle, le chiffre de la colonne 21 est retrouvé en additionnant les colonnes 15, 16, 17 et 18 *dont on déduit* le total des colonnes 19 et 20.

Il résulte de la correspondance ci-dessous indiquée que les trois colonnes correspondantes doivent toujours, suivant le cas, être *également remplies ou laissées en blanc*. (N° 58 Instr. 1897, partie.)

684.

Correspondent entre elles :

1° les colonnes 1, 8 et 15 (*inscriptions restées à la Caisse*) ;

2° les colonnes 2, 9 et 16 (*inscriptions achetées d'office* ;

3° les colonnes 3, 10 et 17 (*inscriptions achetées à la demande des déposants*).

§ **1**. La définition qui vient d'être donnée au n° 683 du *montant des inscriptions* de rentes permet d'éviter une erreur contre laquelle s'élèvent les circulaires ministérielles des 2 avril 1901, 14 avril 1902, 15 avril 1903 et 9 avril 1904.

Cette erreur consiste à faire figurer aux colonnes 16 et 17 de ce tableau les sommes inscrites aux colonnes 11 et 12 du tableau II, à titre de remboursements effectués d'office pour réduction des comptes dépassant le maximum et à la demande des déposants. Ces sommes représentent le *capital* des rentes achetées, et celles à inscrire au tableau III le *revenu* desdites rentes pendant un an. Ces deux éléments du compte rendu sont donc de nature tout à fait différente. (N° 59 Instr. 1897) [partie].

§ **2**. Du caractère qui distingue ces deux éléments, il résulte qu'il doit exister entre les chiffres des colonnes 11 et 12 du tableau II et ceux des colonnes 16 et 17 du tableau III un certain rapport pour cent, comme celui qui existe entre un capital et le revenu qu'il produit. Ce rapport est essentiellement variable : il est subordonné aux cours de la Bourse, puisque c'est à ces cours que sont opérés les achats de rentes dont il s'agit ; mais il est nécessairement limité entre certains taux extrêmes qu'il ne peut dépasser, sans que des erreurs aient été commises. Ces erreurs proviennent généralement des causes suivantes qu'il y a lieu de signaler pour prévenir des irrégularités regrettables, dénotant une mauvaise tenue de la comptabilité des rentes :

§ **3**. Quelquefois, dans le tableau III, une partie des rentes achetées sur la demande des déposants est comprise parmi les rentes achetées d'office ou inversement ; des rentes achetées d'office ou sur la demande des déposants, on déduit celles qui ont été retirées par les déposants ou consignées à la Caisse des dépôts et consignations comme afférentes à des dépôts trentenaires atteints par la prescription ; on fait figurer parmi les rentes achetées pour le compte des déposants celles qui sont acquises pour le compte de la Caisse à titre d'emploi de sa fortune personnelle, etc. (N° 60 Instr. 1897) [partie].

685.

4° les colonnes 4, 11 et 18 (*inscriptions reçues par transferts*)

686.

5° les colonnes 5, 12 et 19 (*inscriptions retirées*)

Il n'y a pas de colonnes spéciales pour noter la sortie par transfert des inscriptions de rentes comme on en fait connaître l'entrée. Il n'y en a pas non plus pour mentionner la consignation à la Caisse des dépôts et consignations des rentes laissées en dépôt aux Caisses d'épargne et achetées d'office ou volontairement : 1° pour les déposants dont les comptes ont été frappés par la prescription, cette prescription n'atteignant pas les rentes, qui à l'expiration de la période trentenaire doivent être remises à cette administration, ainsi qu'il est expliqué sous le n° 574 ; 2° pour les déposants dont les comptes, par suite de décès ou pour tout autre cause, donnent lieu à des difficultés litigieuses que les Caisses d'épargne préfèrent éviter au moyen d'une consignation autorisée par le paragraphe 111 de l'Instruction du 4 juin 1857. La sortie de ces inscriptions pour ces diverses causes est assimilée à la remise des titres aux déposants et, par suite, les faits qui s'y rapportent sont compris sans distinction parmi ceux que ces trois colonnes sont destinées à relater. *Mais cette distinction est faite au contrôle,* où les rentes figurant auxdites colonnes sont décomposées de la manière suivante au point de vue du *nombre* des déposants, du *nombre* et du *montant* des inscriptions :

a. Retirées par les déposants.

b. Transférées sur d'autres Caisses.

c. Afférentes à des comptes abandonnés prescrits et remises à la Caisse des dépôts et consignations en exécution de l'article 4 de la loi du 7 mai 1853.

d. Consignées à cette Caisse à la suite de difficultés litigieuses, en vertu du paragraphe 111 de l'Instruction du 4 juin 1857. (N° 65 Instr. 1897).

687. 6° les colonnes 6, 13 et 20 *(inscriptions vendues)*

Dans le cas de vente de rentes, il y a lieu de mentionner, à la colonne 20, le *montant* des rentes vendues, tel qu'il a été défini plus haut et non pas le produit de la vente de la rente, c'est-à-dire le capital réalisé. (N° 61 Instr. 1897).

688. 7° les colonnes 7, 14 et 21 *(inscriptions laissées à la Caisse)*

SITUATION DU COMPTE SPÉCIAL ET SANS INTÉRÊTS PROVENANT DE LA VENTE DES RENTES

689. C'est au contrôle de ce tableau que figure le compte spécial et sans intérêts auquel doivent être portés, aux termes de l'article 2 de la loi du 20 juillet 1895, les sommes provenant de la vente des rentes.

Les entrées et les sorties de ces capitaux y sont retracées de manière à permettre de suivre les mouvements du compte. Les sommes y sont inscrites après déduction des frais de négociation. *Tous les capitaux provenant des ventes de rentes passent indistinctement par le compte spécial* dont il s'agit, sauf, suivant les cas, à en sortir immédiatement, par exemple si le déposant, en même temps qu'il donne l'ordre de vente, prescrit d'en porter le produit à son compte d'épargne jusqu'à concurrence du maximum.

690. Ces capitaux, sortis immédiatement après la vente ou ultérieurement, doivent ensuite figurer comme reversements au compte d'épargne à mentionner à *la colonne 10 du tableau II.* Il y a également lieu de comprendre le montant du compte spécial au 31 décembre parmi les diverses sommes à porter au *contrôle du tableau II* (2° renseignement) pour reconstituer l'ensemble des capitaux dont la Caisse d'épargne est créditée par la Caisse des dépôts et consignations. (N° 66 Instr. 1897.)

TABLEAUX DE DÉVELOPPEMENT DES OPÉRATIONS

Les tableaux suivants ont pour but de permettre d'étudier séparément et à divers points de vue les résultats généraux des différentes opérations des Caisses d'épargne, dont l'ensemble est présenté au tableau II. Le compte rendu comprend plusieurs tableaux de cette nature qui vont être successivement indiqués, en même temps que l'on fera connaître les règles d'après lesquelles ils doivent être dressés. (N° 68 Instr. 1897.)

TABLEAU IV

691. Ce tableau présente la division des livrets en circulation et du montant du solde dû aux déposants au 31 décembre d'après le chiffre du crédit afférent à ces livrets. (N° 69 Instr. 1897, partie.)

692.

	Nombre de livrets	Crédits	
Comptes de 20 fr. et au-dessous . . .	col. 1	col. 2	A la colonne des *Observations*, ces deux colonnes sont décomposées en trois parties : 1° Nombre et crédits des livrets *scolaires*. Ces livrets sont ceux qui sont délivrés aux enfants par l'entremise des instituteurs. (N° 95 Instr. 1897, partie.) 2° Nombre et crédits des livrets *dormants*. Cette qualification est donnée aux livrets qu'on n'a point soldés afin d'éviter ultérieurement l'ouverture d'un nouveau compte et sur lesquels aucune opération n'a été faite depuis au moins un an. (N° 69 Instr. 1897, partie.) 3° Nombre et crédits des *autres* livrets.
De 21 fr. à 100 fr. .	— 3	— 4	
De 101 fr. à 200 fr.	— 5	— 6	
De 201 fr. à 500 fr.	— 7	— 8	
De 501 fr. à 1.000 fr.	— 9	— 10	
De 1.001 fr. à 1.500 francs.	— 11	— 12	
De 1.501 fr. et au-dessus, passibles de réduction dans le délai de 3 mois.	— 13	— 14	Les chiffres de ces deux colonnes 13 et 14 figurent à la *deuxième partie* du *tableau annexe au tableau IV*, à produire dans le courant de l'année qui suit celle du compte rendu. (Voir le n° 694.)
De 1.501 fr. et au-dessus, exemptés de réduction par la loi	— 15	— 16	
Le total des *livrets* qui est à la colonne	17		S'obtient *au contrôle* par l'addition des colonnes 1, 3, 5, 7, 9, 11, 13 et 15 et doit être *visé pour concordance* avec celui de la colonne 5 du tableau II.
Le total des *crédits* qui est à la colonne		18	S'obtient *au contrôle* par l'addition des colonnes 2, 4, 6, 8, 10, 12, 14 et 16 et doit être *visé pour concordance* avec celui de la colonne 14 du tableau II.

TABLEAU ANNEXE AU TABLEAU IV

693. Ce tableau présente les opérations effectuées pendant le premier semestre de l'année qui suit celle pour laquelle le compte rendu est établi, en vue de réduire les comptes qui, au 31 décembre, dépassaient le maximum et passibles de réduction.

Il doit être fourni du 15 au 30 juillet, c'est-à-dire après la clôture de toutes les opérations effectuées pour la réduction des comptes dont il s'agit.

SUITE DU TABLEAU ANNEXE AU TABLEAU IV

Il comprend deux colonnes, l'une pour le *nombre*, l'autre pour le *montant* des opérations effectuées pour réduire les comptes. Ces opérations sont les suivantes :

1° Remboursements en espèces effectués pour réduire les comptes dépassant le maximum.	On fait figurer la totalité de la somme remboursée pour réduire le compte et non pas seulement la partie du remboursement portant sur l'excédent. Les réductions opérées par transfert sont portées dans cette colonne.
2° Achats de rentes volontaires pour réduction de ces comptes.	
3° Achats de rentes d'office pour réduction des comptes.	Le *montant* doit concorder avec le chiffre porté à la colonne 11 du tableau II du compte rendu de *l'année suivante*, et le *nombre* avec celui porté sous la lettre A, à la colonne des observations du même tableau. (Voir le n° 668 § 3.)

694. La *deuxième partie* de ce tableau s'applique non plus aux opérations, mais aux comptes sur lesquels les opérations ont été faites et qui figurent aux colonnes 13 et 14 du tableau IV. Cette partie indique le nombre et le montant des comptes réduits et non réduits. Mais il y a lieu de remarquer qu'il n'existe aucune corrélation entre le nombre des opérations et celui des comptes, plusieurs opérations pouvant avoir été nécessaires pour réduire un même compte. (Nos 74 et 75 Instr. 1897, modifiés par la Circ. min. du 14 avril 1902.)

Les motifs qui auraient empêché la réduction des comptes dépassant le maximum ne sauraient être qu'exceptionnels; il y a lieu de les mentionner d'une manière toute spéciale à la colonne des observations. (N° 76 Instr. 1897.)

TABLEAU V

695. Le tableau IV a pour objet de présenter la division des comptes existant au 31 décembre, suivant leur importance. Le tableau V rentre dans le même ordre d'idées ; seulement, la division par importance y est appliquée au *nombre* et au *montant* des versements reçus pendant l'année, opérations dont l'ensemble est présenté aux colonnes 15 et 7 du tableau II. (N° 78 Instr. 1897, partie.)

Les catégories sont les mêmes que celles établies pour les livrets, dans le tableau précédent, savoir :

		Nombre		Montant	
Versements de 20 fr. et au-dessous	col.	1	et	2	
De 21 à 100 fr	—	3	—	4	
De 101 à 200 fr. . . .	—	5	—	6	
De 201 à 500 fr. . . .	—	7	—	8	
De 501 à 1,000 fr. . .	—	9	—	10	
De 1,001 à 1,500 fr. .	—	11	—	12	
De 1,5001 et au-dessus faits par les sociétés autorisées à avoir un maximum de 15,000 francs.	—	13	—	14	
Le *nombre* des versements qui est à la. .	—	15			s'obtient *au contrôle* par l'addition des colonnes 1, 3, 5, 7, 9, 11 et 13, et doit être *visé pour concordance* avec celui de la colonne 15 du tableau II.
Le *total* des versements qui est à la	—			16	s'obtient *au contrôle* par l'addition des colonnes 2, 4, 6, 8, 10, 12 et 14, et doit être *visé pour concordance* avec celui de la colonne 7 du tableau II.

TABLEAU VI

696. Ce tableau a pour but de permettre l'étude des remboursements suivant leur importance. Il est conçu d'après les mêmes principes et présente les mêmes divisions que le tableau V relatif aux versements. Il y a lieu seulement de remarquer qu'il ne s'applique qu'aux remboursements en *espèces*. Il convient donc de ne pas y comprendre les remboursements effectués : 1° par voie de versements à la Caisse de retraites pour la vieillesse; 2° par voie de transferts sur d'autres caisses ; 3° pour annulations de comptes abandonnés atteints par la prescription ; 4° pour retenues diverses infligées aux déposants. (N° 81 Instr. 1897.)

Comme le tableau V, il renferme 16 colonnes, savoir :

		Nombre		Montant		
Remboursements de 20 fr. et au-dessous	col.	1	et	2		
De 21 à 100 fr.	—	3	—	4		
De 101 à 200 fr.	—	5	—	6		
De 201 à 500 fr.	—	7	—	8		
De 501 à 1,000 fr.	—	9	—	10		
De 1,001 à 1,500 fr.	—	11	—	12		
De 1,501 et au-dessus.	—	13	—	14		
Le *nombre* des remboursements qui est à la	—	15			s'obtient *au contrôle* par l'addition des colonnes 1, 3, 5, 7, 9, 11 et 13 et doit être *visé pour concordance* avec le nombre des remboursements en espèces inscrit sous la lettre *A* dans la colonne des *Observations* du tableau II (décomposition des colonnes 13 et 17). Cette concordance est rappelée par la Circ. min. du 2 avril 1901.	Ces deux colonnes sont décomposées à la colonne des *Observations* en remboursements *partiels* et en remboursements *totaux* ou pour solde.
Le *montant* des remboursements qui est à la	—			16	s'obtient *au contrôle* par l'addition des colonnes 2, 4, 6, 8, 10, 12 et 14, et doit être *visé pour concordance* comme il est dit ci-dessus, mais pour le *montant* des remboursements.	

TABLEAU VII

697. Ce tableau donne le moyen de se rendre compte des professions qui fournissent le plus grand nombre de clients aux Caisses d'épargne, de leur rapport avec l'ensemble de la population et, de plus, du sexe et des qualités civiles des déposants nouveaux. A l'aide de ce dernier renseignement, il est possible de suivre l'application de la loi du 9 avril 1881 dans celles de ses dispositions qui ont conféré aux femmes mariées et aux mineurs de seize ans, en matière de dépôts aux Caisses d'épargne, une capacité exceptionnelle maintenue par les paragraphes 3 et 4 de l'article 16 de la loi du 20 juillet 1895. Enfin, les sociétés et associations y sont classées suivant une nomenclature qui fournit d'utiles indications sur cette partie de la clientèle des Caisses d'épargne. (N° 84 Instr. 1897.)

Ce tableau comprend trois parties distinctes, sans compter le contrôle qui renferme divers renseignements complétant les données présentées dans le cadre. (N° 86 Instr. 1897.)

Les déposants qu'il y a lieu d'y faire figurer sont les déposants *nouveaux*, c'est-à-dire ceux auxquels un livret a été délivré dans l'année. Il faut éviter avec le plus grand soin d'y comprendre les déposants auxquels un livret a été ouvert *à la suite d'un transfert* et qui, comme tous les déposants anciens, doivent en être rigoureusement exclus. (N° 85 Instr. 1897.)

SUITE DU TABLEAU VII

PREMIÈRE PARTIE. — SEXE ET PROFESSIONS DES NOUVEAUX DÉPOSANTS

Les femmes exerçant une profession particulière sont classées à la profession qu'elles exercent ;

Les mineurs sont pareillement répartis dans les diverses catégories, suivant les professions qu'ils exercent et sans qu'il y ait lieu de tenir compte de leur état de minorité. (N° 88 Instr. 1897, partie.)

Chefs d'établissements agricoles, industriels et commerciaux Hommes, col. 1 — Femmes, col. 2	Ici doivent être rangés les *artisans patentés*, les marchands, négociants, tous ceux en un mot qui dirigent eux-mêmes une exploitation agricole, industrielle ou commerciale, quelle que soit son importance. (N° 89 Instr. 1897, partie.)
Journaliers et ouvriers agricoles Hommes, col. 3 — Femmes, col. 4	Cette catégorie comprend tous les déposants qui reçoivent un salaire pour travailler dans les exploitations agricoles, alors même qu'ils travailleraient aussi pour leur propre compte. (N° 89 Instr. 1897, partie.)
Ouvriers d'industrie Hommes, col. 5 — Femmes, col. 6	Sont considérés comme ouvriers d'industrie non seulement ceux des fabriques et usines, mais encore tous ceux qui reçoivent un salaire pour un travail qui n'est pas exclusivement agricole. Pour les femmes, on fait état notamment des couturières, lingères, blanchisseuses, repasseuses, modistes, etc., quand bien même elles travailleraient en partie pour leur propre compte. (N° 89 Instr. 1897, partie.)
Domestiques Hommes, col. 7 — Femmes, col. 8	Cette catégorie comprend tous les déposants à gages, tels, par exemple, que valets de chambre, jardiniers, cochers, etc. (N° 89 Instr. 1897, partie.)
Militaires et marins Hommes, col. 9 — Femmes, col. 10	Il y a lieu de ranger dans cette catégorie indépendamment de tous les déposants qui appartiennent directement à l'armée et à la marine, quels que soient leurs grades, les professions qui se rattachent à l'armée ou à la force publique, notamment les gendarmes, les gardes champêtres, les agents de police, les douaniers. (N° 89 Instr. 1897, partie.)
Employés Hommes, col. 11 — Femmes, col. 12	Au nombre des employés, il convient de faire figurer les déposants qu'occupent les administrations publiques ou particulières, quel que soit le genre de fonctions qu'ils aient à remplir, les commis marchands, les facteurs, conducteurs, etc. (N° 89 Instr. 1897, partie.)
Professions libérales Hommes, col. 13 — Femmes, col. 14	Les professions libérales comprennent les membres du clergé, les magistrats, avocats, avoués, notaires, médecins, professeurs, publicistes, peintres, architectes, musiciens, etc. (N° 89 Instr. 1897, partie.)
Propriétaires et rentiers et personnes sans profession Hommes, col. 15 — Femmes, col. 16	Les femmes qui n'ont pas de profession particulière et qui sont mariées sont classées à la colonne 16, dans la catégorie des propriétaires-rentiers et personnes sans profession. (N° 88 Instr. 1897, partie.)
Mineurs n'exerçant aucune profession Hommes, col. 17 — Femmes, col. 18	Ceux-là seulement qui sont sans profession sont rangés dans cette catégorie. (N° 88 Instr. 1897, partie.) *Au contrôle* Ces deux colonnes sont décomposées chacune : 1° en livrets *scolaires* ; 2° en *autres* livrets. Les livrets *scolaires* sont ceux qui sont délivrés aux enfants par l'entremise des instituteurs. (N° 95 Instr. 1897, partie.)

SUITE DU TABLEAU VII

Le total des *hommes* est à la col. 19.	On le retrouve deux fois *au contrôle.* En additionnant : 1° les colonnes 1, 3, 5, 7, 9, 11, 13, 15 et 17 ; — 2° les colonnes 21, 22 et 23.
Le total des *femmes* est à la col. 20.	On le retrouve deux fois *au contrôle.* En additionnant : 1° les colonnes 2, 4, 6, 8, 10, 12, 14, 16 et 18 ; — 2° les colonnes 25, 26, 27, 28 et 29.
Décomposition des col. 19 et 20.	*Au contrôle également* Ces colonnes sont décomposées *chacune deux fois*, la première fois sous le n° 2°, en livrets ouverts : 1° A des déposants ayant déclaré ne savoir ou ne pouvoir signer ; 2° A des déposants ayant signé. La seconde fois, sous le n° 3° : 1° En livrets conditionnels ; 2° En livrets simples.

DEUXIÈME PARTIE. — SEXE ET QUALITÉS CIVILES DES NOUVEAUX DÉPOSANTS

698. Tous les mineurs, qu'ils exercent ou non une profession, sont classés dans les colonnes qui les concernent, d'après le régime sous lequel ils se trouvent placés. (N° 90 Instr. 1897, partie.)

HOMMES	
Col. 21 Majeurs.	
— 22 Mineurs ordinaires.	Mineurs agissant dans les conditions ordinaires.
— 23 Mineurs agissant directement.	Mineurs s'étant fait délivrer des livrets sans l'intervention de leur représentant légal.
— 24 *Le total des hommes* qui est à cette colonne.	Est égal à *celui* de la colonne 19 et s'obtient au *contrôle* par l'addition des colonnes 21, 22 et 23. (N° 90 Instr. 1897.)

FEMMES	Tous les livrets délivrés à des femmes mariées, quel que soit leur état de majorité ou de minorité, sont rangés, suivant les cas, dans les col. 25 et 26.
— 25 Mariées agissant avec l'assistance de leur mari.	
— 26 Mariées agissant sans cette assistance.	Femmes autorisées, quel que soit le régime de leur contrat de mariage, à se faire ouvrir un livret sans l'assistance de leur mari.
— 27 Majeures.	Cette colonne comprend les femmes célibataires, veuves ou divorcées.
— 28 Mineures ordinaires.	Mineures agissant dans les conditions ordinaires.
— 29 Mineures agissant directement.	Mineures s'étant fait délivrer des livrets sans l'intervention de leur représentant légal.
— 30 *Le total des femmes* qui est à cette colonne.	Est égal à *celui* de la colonne 20 et s'obtient au *contrôle* par l'addition des colonnes 25, 26, 27, 28 et 29. (N° 90 Instr. 1897.)

TROISIÈME PARTIE. — SOCIÉTÉS ET ASSOCIATIONS

699. La nomenclature des sociétés et associations est établie comme suit :

Col. 31 Sociétés de secours mutuels proprement dites	Les sociétés de secours mutuels, de toute nature, qu'elles soient déclarées établissements d'utilité publique, en vertu de la loi de 1850, approuvées par les préfets, conformément au décret du 26 mars 1852, ou simplement autorisées comme associations, en vertu de l'article 291 du Code pénal, figurent indistinctement à cette colonne (N° 92 Instr. 1897). [partie]. Voir le n° 23.

SUITE DU TABLEAU VII

Col. 32 Syndicats professionnels	Les associations professionnelles à classer ici sont celles qui sont constituées en vertu de la loi du 21 mars 1884 sur les syndicats et qui sont composées de personnes exerçant la même profession, des métiers similaires ou des métiers connexes concourant à l'établissement de produits déterminés. (N° 92 Instr. 1897) [partie]. Voir le n° 23.
Col. 33 Sociétés coopératives	A cette colonne sont portées toutes les sociétés coopératives, quelle qu'en soit la nature, notamment celles de *production*, de *consommation* et de *crédit*. Les statuts de ces sociétés, qui doivent être produits à l'appui de l'ouverture du livret, permettent aux Caisses d'épargne d'apprécier si elles se trouvent en présence de sociétés ayant réellement le caractère coopératif et qu'il faut inscrire à cette colonne malgré l'objet commercial qu'elles se proposent. D'ailleurs, ces sociétés peuvent être autorisées à bénéficier du maximum exceptionnel de 15.000 francs et beaucoup ont reçu cette autorisation en vertu de l'article 13 de la loi du 9 avril 1881. (N° 92 Instr. 1897) [partie]. Voir les n°s 23 et 24.
Col. 34 Sociétés de bienfaisance	
Col. 35 Sociétés d'épargne	Les sociétés d'épargne sont généralement des sociétés composées de personnes qui versent des cotisations périodiques employées à l'achat de valeurs dont elles se partagent les produits et bénéfices (N° 92 Instr. 1897) [partie].
Col. 36 Compagnies de sapeurs-pompiers	
Col. 37 Comices agricoles	
Col. 38 Cercles d'officiers	
Col. 39 Sociétés et associations diverses	
Col. 40 Sociétés commerciales	Les sociétés commerciales proprement dites ne peuvent jouir du maximum de 15.000 fr. comme les sociétés coopératives et sont astreintes au maximum ordinaire (N° 92 Instr. 1897) [partie].
Col. 41 *Total* des Sociétés et associations	Le chiffre porté ici est retrouvé au *contrôle* par l'addition des colonnes 31, 32, 33, 34, 35, 36, 37, 38, 39 et 40.
Col. 42 Le total général	qui figure ici fait l'objet, au *contrôle* d'une *Récapitulation* qui comprend les totaux des colonnes 19, 20 et 41. Il doit être *visé pour concordance* avec le chiffre de la colonne 2 du tableau II.

TABLEAU VIII

700. Ce tableau rentre dans le même ordre d'idées que le précédent, en complétant l'étude des opérations des Caisses d'épargne au point de vue du sexe des déposants et de la nature des sociétés et associations. (N° 96 Instr. 1897, partie.)

SUITE DU TABLEAU VIII

Il se compose de trois parties distinctes :

PREMIÈRE PARTIE. — VERSEMENTS EFFECTUÉS PENDANT L'ANNÉE

Hommes	nombre	col. 1	montant	col. 2	
Femmes	—	— 3	—	— 4	
Sociétés et associations	—	— 5	—	— 6	

Le *total-nombre* qui est à la colonne 7 est obtenu *au contrôle* par l'addition des colonnes 1, 3 et 5 et doit être *visé pour concordance* avec celui de la colonne 15 du tableau II.

Le *total-montant* qui est à la colonne 8 est obtenu *au contrôle* par l'addition des colonnes 2, 4 et 6 et doit être *visé pour concordance* avec celui de la colonne 7 du tableau II.

DEUXIÈME PARTIE. — REMBOURSEMENTS EN ESPÈCES EFFECTUÉS PENDANT L'ANNÉE

701.

Hommes	nombre	col. 9	montant	col. 10
Femmes	—	— 11	—	— 12
Sociétés et associations	—	— 13	—	— 14

Le total du *nombre* figure à la colonne 15, celui du *montant* à la colonne 16.

Au contrôle, ces totaux sont obtenus : le premier, par l'addition des colonnes 9, 11 et 13, le second par l'addition des colonnes 10, 12 et 14.

Ils doivent être *visés pour concordance* avec les chiffres du tableau II (colonne des *observations* décomposition des colonnes 13 et 17, *nombre et montant* des remboursements *en espèces*). Cette concordance est rappelée par la Circulaire ministérielle du 2 avril 1901.

TROISIÈME PARTIE. — COMPTES EXISTANT AU 31 DÉCEMBRE

702.

Hommes	nombre	col. 17	montant	col. 18
Femmes	—	— 19	—	— 20
Sociétés et associations	—	— 21	—	— 22

Ces deux colonnes sont *décomposées* à la colonne des *observations*. Les chiffres qu'elles indiquent n'ont *aucun rapport* avec ceux de la troisième partie du tableau VII. La nomenclature *seule* est la même.

Le *total-nombre* qui est à la colonne 23 est obtenu *au contrôle* par l'addition des colonnes 17, 19 et 21 et doit être *visé pour concordance* avec celui de la colonne 5 du tableau II.

Le *total-montant* qui est à la colonne 24 est obtenu *au contrôle* par l'addition des colonnes 18, 20 et 22 et doit être *visé pour concordance* avec celui de la colonne 14 du tableau II.

OPPOSITIONS

703.

Dans la partie inférieure de ce tableau réservée au contrôle, des mentions spéciales sont consacrées :

1° Au *nombre* des oppositions *spéciales* formées par les maris et les représentants légaux des mineurs (art. 16, §§ 3, 4 et 5, et art. 17 de la loi du 20 juillet 1895.)

Ces oppositions sont en outre l'objet de renseignements particuliers présentés sous forme d'un tableau annexe qui est imprimé au verso de ce tableau, *mais qui peut être produit séparément*. (N° 106 Instr. 1897, partie.)

Il faut se garder de confondre en un total unique le nombre de ces oppositions avec le nombre des oppositions formées par des tiers. (Circ. min. 15 avril 1903.)

704.

2° Au nombre des oppositions *ordinaires*, que les *tiers*, les créanciers des déposants, par exemple, sont admis à faire auprès des Caisses d'épargne en vertu de l'article 11 de la loi du 5 juin 1835.

Il ne s'agit, *dans tous les cas*, que des oppositions faites par acte extrajudiciaire, puisque en pareil cas cette formalité est exigée à peine de nullité. (N° 105 Instr. 1897.)

---

705. En ce qui concerne les oppositions des *tiers*, il suffit d'énoncer le nombre des oppositions :

1° Subsistantes au 1er janvier ;

2° Reçues pendant l'année.

On déduit du total de ces deux colonnes celles qui ont été *supprimées dans l'année :*

1° *Par main levée ;*

2° *Par paiement fait entre les mains des parties et de leur consentement ;*

3° *Par paiement fait par autorité de justice ;*

Dans le cas où des décisions judiciaires seraient intervenues, il y aurait lieu d'en envoyer copie, sur papier libre, en double exemplaire, ou d'en indiquer la date, si ces décisions ne se trouvaient pas entre les mains de la Caisse d'épargne. (N° 106 Instr. 1897, partie.)

4° *Par péremption quinquennale ;*

Et l'on indique le reste au 31 décembre.

TABLEAU ANNEXE AU TABLEAU VIII

CONCERNANT LES OPPOSITIONS FORMÉES PAR LES MARIS ET LES REPRÉSENTANTS LÉGAUX DE MINEURS

Ce tableau, qui est imprimé au verso du tableau VIII, peut, ainsi qu'il est dit plus haut, être produit séparément.

706. Les indications à y porter sont les suivantes : date de l'ouverture du livret; date et montant de chaque versement; total du compte; date de l'opposition ; circonstances et conditions dans lesquelles elle a été formée, et suite qui y a été donnée. Il y a lieu d'y ajouter, suivant les cas, les indications ci-après, savoir :

707. 1° *Pour les femmes*, professions de la titulaire et du mari ; existence d'un compte à la Caisse d'épargne, au nom de ce dernier ; régime matrimonial des époux ; séparation de corps et de biens ; séparation de fait ;

708. 2° *Pour les mineurs*, sexe et profession du titulaire et du représentant légal ; situation du mineur (sous l'administration légale du père ou sous la tutelle de l'époux survivant ou d'un tiers) ; résidence du mineur auprès du représentant légal, ou résidence séparée occasionnée notamment par les exigences d'une profession. (N° 107 Instr. 1897.)

709. Ce tableau ne doit naturellement comprendre que les oppositions dont les Caisses d'épargne ont à tenir compte, d'après l'art. 17 de la loi du 20 juillet 1895, c'est-à-dire celles qui leur ont été signifiées *par ministère d'huissier*.

On sait que les Caisses ne peuvent faire état des oppositions officieusement formées par lettres ou verbalement, ni, à plus forte raison, des réserves formulées par le mari ou le représentant légal du mineur lors d'un premier versement opéré dans les conditions ordinaires, puisque, dans ce cas, la femme ou le mineur ne bénéficie pas des dispositions de la loi du 9 avril 1881, confirmées par celle du 20 juillet 1895. (N° 108 Instr. 1897.)

710. En outre, lorsque l'opposition, comme cela arrive fréquemment, est motivée par l'abandon du domicile conjugal, il convient de préciser si c'est cet abandon qui a amené le mari à former opposition ou si, au contraire, la séparation de fait existait antérieurement.

711. Il est également désirable de mentionner, d'après les renseignements particuliers qui peuvent être recueillis, auquel des deux époux sont imputables les griefs qui ont amené la séparation de fait.

712. Enfin, il est nécessaire de faire connaître si l'opposition a donné lieu au remboursement autorisé au profit du mari à la suite de la procédure spéciale prescrite par le paragraphe 5 de l'article 16 de la loi du 20 juillet 1895.

713. Dans la négative, quelles sont les raisons qui y ont mis obstacle, notamment si c'est par suite du régime matrimonial des époux qui ne permettait pas ce remboursement, ou des dispositions prises par la femme pour sauvegarder ses droits et, dans ce dernier cas, quelles étaient ces dispositions.

714. Si mainlevée a été donnée par le mari ou le représentant légal, ou si un remboursement a été fait conjointement entre les mains des parties, il y a lieu de le mentionner.

715. S'il est intervenu une décision judiciaire, il y a lieu de le mentionner et de joindre deux copies sur papier libre de la décision judiciaire ou tout au moins d'en indiquer la date. (N° 109 Instr. 1897.)

716. Toutes les oppositions reçues pendant l'année à laquelle s'applique le compte rendu doivent être très exactement portées au tableau-annexe, alors même que, par une circonstance quelconque, remboursement ou mainlevée, ces oppositions ne subsisteraient plus au 31 décembre.

717. Il y a lieu également de rappeler, mais seulement par la date à laquelle elles ont été formées, toutes les oppositions reçues pendant les années antérieures et restées sans solution et d'indiquer quelle suite y a été donnée ou si elles continuent à subsister dans ces conditions jusqu'au jour où elles sont atteintes, comme toutes les autres oppositions, par la péremption quinquennale qu'établit l'article 24 de la loi du 20 juillet 1895. (N° 110 Instr. 1897.)

TABLEAUX IX, IX *bis* et X

Opérations des Succursales et des Percepteurs.

718. Ces deux tableaux ne sont, en quelque sorte, qu'un dédoublement du tableau II ; ils ont, en effet, pour objet de faire connaître quelle part revient aux Succursales et aux Percepteurs dans les opérations dont l'ensemble est présenté au tableau II. (N° 111 Instr. 1897.)

719. Les opérations des Succursales faisant toujours partie intégrante des opérations de la Caisse d'épargne dont elles relèvent, une Caisse d'épargne n'a à mentionner ni dans son tableau II, ni dans son tableau IX, les mouvements de livrets et de crédits qui peuvent, sur la demande des déposants, avoir lieu soit entre la Caisse centrale et les Succursales, soit entre les Succursales entre elles. Ce sont là des opérations d'ordre purement intérieur qu'il est inutile de signaler dans le compte-rendu. (N° 113 Instr. 1897.)

720. Les tableaux IX et X doivent toujours être produits par chaque Caisse d'épargne, alors même qu'elle n'aurait point organisé de Succursales ou qu'aucun Percepteur n'aurait été autorisé à prêter son concours à l'établissement. Dans ce dernier cas, les tableaux sont produits en blanc avec la mention *néant*. Si une Caisse a supprimé ses Succursales ou si l'autorisation accordée aux Percepteurs de participer à ces opérations leur a été retirée, ces suppressions doivent être, suivant les cas, mentionnées dans les tableaux IX et X. (N° 117 Instr. 1897.) En ce qui concerne les Succursales, on doit indiquer la date de la délibération du Conseil qui a prononcé cette suppression et les motifs qui ont fait prendre cette mesure.

TABLEAU IX. — SUCCURSALES

721. Ce tableau contient 15 colonnes dans lesquelles il y a lieu de fournir les renseignements suivants :

Colonne	Renseignement	Observations
Colonne 1.	Département } où se trouve le siège de	
— 2.	Ville } la Caisse d'épargne.	
— 3.	Nombre des succursales.	
— 4.	Localités où se trouve le siège de chaque succursale.	Les succursales sont placées dans cette colonne par ordre de date d'ouverture à commencer par la plus ancienne. (N° 113 Instr. 1897, partie.) On doit y faire figurer les succursales créées dans le courant de l'année à laquelle se rapporte le compte rendu (Circ. min. 15 avril 1903.)
— 5.	Circonscription dont la localité, siège de la succursale, est le chef-lieu.	C'est dans cette colonne qu'on indique si la succursale est établie dans un chef-lieu d'arrondissement ou de canton, ou dans une simple commune. (N° 112 Instr. 1897, partie.)
— 6.	Date de l'ouverture des succursales.	
— 7.	Classe des succursales.	Les succursales sont divisées en deux classes par l'Instruction du 4 juin 1857 : celles de 1re classe, qui possèdent une comptabilité particulière ; et celles de 2e classe, qui ne sont que de simples bureaux annexes, ouverts pour recevoir les versements et faire telles autres opérations pour lesquelles elles ont reçu pouvoir de la Caisse dont elles relèvent. (N° 112 Inst. 1897, partie.)
— 8.	Nombre de livrets ouverts dans chaque succursale.	Il n'y a pas lieu de comprendre dans cette colonne les livrets ouverts à la suite de transferts qui sont portés à la colonne 3 du tableau II. (N° 113 Instr. 1897, partie.)
— 9.	Total des livrets ouverts dans toutes les succursales.	*Au contrôle*, on ajoute au chiffre de cette colonne, le nombre de livrets ouverts à la Caisse centrale. *Le total doit reproduire* celui de la colonne 2 du tableau II.

Colonne 10. Nombre des versements reçus dans chaque succursale.	
— 11. Montant des versements reçus dans chaque succursale.	Le montant des crédits des livrets transférés doit être exclu de cette colonne dans laquelle figurent seuls les versements portés à la colonne 7 du tableau II. (N° 113 Instr. 1897, partie.)
— 12. Montant total des versements reçus dans toutes les succursales.	*Au contrôle*, on ajoute au chiffre de cette colonne le montant des versements effectués à la Caisse centrale. *Le total doit reproduire* celui de la colonne 7 du tableau II.
— 13. Nombre des remboursements en espèces opérés dans chaque succursale.	
— 14. Montant des remboursements en espèces opérés dans chaque succursale.	
— 15. Montant total des remboursements opérés dans toutes les succursales.	*Au contrôle*, on ajoute au chiffre de cette colonne le montant des remboursements *en espèces* effectués à la Caisse centrale. *Le total doit reproduire* le montant des remboursements inscrits sous la lettre A dans la colonne des *Observations* du tableau II (décomposition des colonnes 13 et 17.)

TABLEAU IX *bis*

722. Dans le but de donner de plus grandes facilités à leur clientèle, quelques Caisses importantes ont fondé, dans l'intérieur de la ville même où elles ont leur siège, des annexes qualifiées, soit de succursales, soit de bureaux auxiliaires ou agences. Quelle que soit leur dénomination, ces annexes peuvent être considérées comme des succursales de deuxième classe. A ce titre elles doivent figurer dans le tableau IX.

Mais comme, d'un autre côté, il y a intérêt à ce que leurs opérations soient présentées d'une manière distincte, les Caisses d'épargne qui possèdent des établissements de ce genre doivent produire un tableau identiquement conforme au tableau IX et numéroté IX *bis*, dans lesquelles sont consignés, pour ces succursales ou agences *urbaines*, les mêmes renseignements que pour les succursales proprement dites. (N° 115 Instr. 1897.)

(Ce tableau ne présentant que les renseignements et opérations relatifs aux succursales ou agences *urbaines* — déjà donnés au tableau IX, avec ceux des autres succursales — ne nous paraît pas comporter les détails du contrôle; par suite, nous prions de considérer comme nuls les renvois, pour concordance avec le tableau II, indiqués aux n°s 659, 664 et 670 § 2).

TABLEAU X. — PERCEPTEURS

723. Le tableau concernant les Percepteurs autorisés à prêter leurs concours aux Caisses d'épargne et les opérations effectuées par ces comptables de l'Etat pour le compte des Caisses, est établi d'après les mêmes principes que celui des Succursales. Les modifications qu'il comporte s'appliquent uniquement aux deux colonnes 6 et 7. La date de l'ouverture de chaque succursale est remplacée par la date de la mise en activité du service confié à chaque percepteur, et la classe des Succursales est remplacée par l'indication du nombre des communes comprises dans la circonscription de chaque perception. Ce dernier renseignement ne fait pas double emploi avec celui qu'il y a lieu de mentionner à la colonne 5; car, dans cette dernière colonne, on doit faire connaître si la localité où est établi le siège de la perception est un chef-lieu d'arrondissement ou de canton, ou une simple commune.

Il est bien entendu qu'il s'agit de percepteurs considérés, d'une manière générale, comme comptables de l'Etat autorisés à participer aux opérations des Caisses d'épargne, et par conséquent le nom des titulaires des perceptions ne doit pas figurer au tableau.

Mais le tableau comprend tous les Percepteurs autorisés à faire ce service auxiliaire, alors même qu'ils n'auraient réalisé aucune opération ou que leur concours n'aurait pas été effectivement utilisé. (En cas de retrait d'autorisation, voir le n° 720). (N° 116 Instr. 1897, rappelé partiellement par la Circ. min. du 15 avril 1903.)

724. L'intervention des Percepteurs dans le service des Caisses d'épargne est déterminée par le décret du 23 août 1875. Un arrêté de M. le Ministre des Finances, pris à la même date, a réglé le mode d'exécution du décret; enfin, une Instruction détaillée a été adressée le 25 du même mois, aux Trésoriers-Payeurs généraux et aux Receveurs des finances.

Tous ces documents officiels ont été adressés aux Caisses en même temps que la Circulaire de M. le Ministre du Commerce du 12 septembre 1875. Depuis cette époque les Caisses n'ont reçu que les Circulaires des 30 décembre 1875 et 24 novembre 1880 relatives, la première à la commission à délivrer aux Percepteurs, et la seconde à la modification de quelques modèles d'imprimés.

Dans ces conditions il nous a paru superflu de reproduire des Instructions qui n'ont pas subi de modifications sensibles et qui, d'ailleurs, sont appelées à disparaître dans un avenir prochain, le Ministère des finances ayant décidé de ne plus accorder de nouvelles autorisations et de supprimer progressivement la participation des concours existants. *(Voir au sujet du visa des opérations faites par les Percepteurs le n° 79.)*

---

725. Droit des vérificateurs en cas de constatation de déficit ou d'autres irrégularités. — En cas de déficit constaté, les Inspecteurs et les Receveurs des finances peuvent prononcer la suspension du Caissier.

Ils peuvent, en cas d'autres irrégularités constatées, prendre provisoirement, d'après l'autorisation préalable du Ministre du Commerce et du Ministre des Finances, toute mesure d'urgence jugée nécessaire, et procéder notamment à l'appel total ou partiel des livrets, à charge d'en donner avis au Président du Conseil des Directeurs ou Administrateurs. (Art. 6 du décret du 20 septembre 1896.)